教養不是一個尋找答案的過程，
它更像鋪路，得一天天、一寸寸地做。
讓我們持續為做一個好大人而努力，讓我們以熱情生活的身影，
投遞美好訊息的語言，成為孩子的活榜樣。

蔡穎卿 著

在愛裡相遇

做個好大人，給孩子一份沒有虧欠的愛

作者簡介

蔡穎卿

畢業於成大中文系。生平最大的志願是為家人經營出講究而不奢侈、精緻而不浪費的生活；二十三年來以此為目標努力不懈，並向朋友推薦這種實作的生活哲學。

曾出版《媽媽是最初的老師》、《廚房之歌》、《我的工作是母親——Bubu的安家之歌》，以分享二十二年教養與陪伴的經驗，也記錄如何在工作中樂為母親的心得。心中最嚮往的是隱居在自營餐廳的廚房中過耕讀生活，由此讓創意有分享的窗口，也讓生活有靜默實作的機會。雖然還不算進入完全理想的生活，但每個月都接近夢想一大步，因此，中年的心境非常愉快滿足。

蔡穎卿【媽媽是最初的老師】部落格
http://www.wretch.cc/blog/bubutsai

只有非常幸福的人
才能在愛裡相遇
做為親子 或為手足 成為伴侶 識為知己

生活之愛

愛與管教

目錄 CONTENTS

作為父母

為愛放手

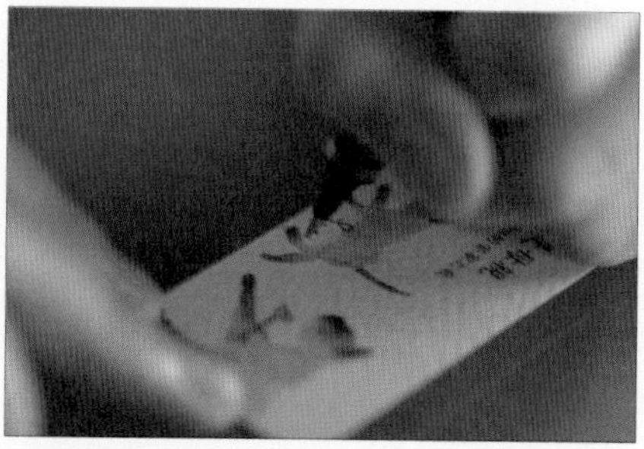

【推薦序】

省思、忠告與喜悅

中央大學認知神經科學研究所所長　洪蘭

看蔡穎卿的書是一大享受，每次都迫不及待的把它看完，好像一場心靈的饗宴，頰齒留香，回味無窮。她的文筆流暢、語意真切，所敘述的教養孩子生活中的點點滴滴小故事，看了令人頻起共鳴。是的，孩子可以沒有青春風暴期，我的孩子就沒有，這關鍵就如她說的，孩子不是在某個年齡突然不跟父母講話，而是跟父母慢慢疏離時，未被察覺。曾有個國中主任跟我說，他以前每天接送女兒上、下學，在路上的時光就是父女溝通的時光，女兒吱吱喳喳的把學校發生的事說給他聽，父女沒有隔閡；後來女兒考上了高中，學校有校車可搭，他便不再接送女兒，結果才一學期，女兒就變了，高牆築起來了，有話不跟他說了。因此他當機立斷，退掉校車，還是自己接送，雖然一趟要四十五分鐘，但沒有什麼比親子關係更重要，寧可犧牲點睡眠，也不能讓女兒有話不跟他說。

我為這位主任喝采，如果每一個父母都能像穎卿一樣，孩子就不會叛逆了。其實穎卿也是職業婦女、也是蠟燭兩頭燒，但是她有許多小地方，例如給孩子留張紙條，讓孩子可以感受到父母的愛與關心。當溝通管道暢通時，孩子的負面情緒一出現就被疏導掉，自然不會有火山爆發的場面發生。她說的很對，早上叫孩子起床時，溫柔一點會有很大差別，她輕撫孩子的臉頰，使他們慢慢醒來，而不是大聲喊叫：「還不起來，要遲到了！」讓孩子一驚跳起，整天都心情不好。一日之計在於晨，好的開始是成功的一半，看到穎卿叫她女兒起床的方式，令我會心的一笑，我母親就是這樣叫我們起床的，我也是這樣叫我兒子的。母親的溫柔可以消弭青春期的風暴，因為孩子會永遠記得母親的臉是張溫暖的臉，在外面碰到了挫折，會想到回來與母親訴說。

天下沒有不勞而獲的東西，一個孩子要教養成功，父母本來就要花很多心力，最重要是父母教養的觀念要正確，自己以身作則，勿以善小而不為，勿以惡小而為之。孩子是看著父母的影子長大的，只要父母的身教足以做孩子的楷模，孩子不可能變壞。

我看這本書最感動的地方，是作者小女兒的道德勇氣。當醫生沒有好好替她洗牙齒時，她敢挺身而出，指責醫生不敬業，她義正詞嚴地給醫生留條子：「很明顯的，你並沒有以你的工作為榮，當這種態度影響到別人應有的權益時，我覺得是不可原諒的。」Bravo！能夠教出這樣孩子的母親，值得我立正敬禮。但願台灣所有的孩子，都有這種正義感與道德勇氣。

古人說：「玉不琢，不成器。」孩子要教才會成材，但是要怎麼教呢？請好好讀一下這本書，自己是個「好大人」，孩子自然就是個「好小孩」了。相信這本書會像穎卿的第一本書《媽媽是最初的老師》一樣，帶給父母很多的省思、忠告與喜悅。

【推薦序】

答案盡在字裡行間

作家、前時報出版副總編輯　心岱

多年前，有文友為我介紹Bubu，當時她雖然旅居新加坡，但仍在台南開「公羽家」餐廳。這家餐廳只供應外賣，當時Bubu經營的立意，是為了鼓吹「餐桌是最佳的親子互動場所」，要讓忙碌的上班族家長可以把餐食帶回家，與孩子一起布置餐桌，全家人坐下來分享這美好的親子時間。

這就是Bubu，一個令人不可思議的愛做廚事、繼而推廣教養之愛的中年婦人。她的餐廳，更以健康、美味、超值為經營目的，為很多家庭點燃起美麗、溫馨的火種。

人不在現場的Bubu，卻能在偶爾回台的時間、或日常通訊往來中，將餐廳的大小事，從進貨食材、菜單、廚事、服務到管理等等，每一項都指揮若定、安排得宜。在她的手中，似乎握有「仙女棒」，一切的一切都是這樣順理成章，彷彿啟動「按鈕」一般的簡單，大家都覺得十分「神奇」。在當時，Bubu其實就已在部落格上書寫她的「廚房耕讀日誌」，一篇〈抹布之歌〉四處被轉寄傳閱，只是當年她的著作尚未正式出版，真正的Bubu本尊大家還沒有見識。

因緣際會，我先是做了Bubu的讀者，而後才成為她的朋友。她的「媽媽書」——《媽媽是最初的老師》——甫出版，便像浪濤席捲了沙灘，整個教養書籍市場為之震撼。接續的這兩年中，「蔡穎卿現象」陸續發酵，而在這段期間，更大的張力也落在Bubu的部落格上，截至目前為止，超過三百萬人次的點閱率，十分驚人，因為它不僅彰顯出我們的社會在「親子教養」領域的問題指標，更象徵了多少媽媽渴求幫助的迫切。Bubu從廚事與教養所結合、累積的個人經驗，就像一顆千迴百轉的石頭，既能堅毅不移的承擔，更能釋放無限能量；她書寫著私體驗的軟文章，恰恰顛覆了一板一眼的理論課，難怪讀者為之風靡與敬愛。這時，大家明白了Bubu的「神奇」其來有自，她的功夫就是「處處用心」。

Bubu到底是怎樣的人？她是如何經營家庭與教養兒女的？閱讀她的書，答案都在字裡行間了。讀者如此鍾愛她，因為這些書頁流露了「媽媽」的使命，因為這些書頁貫穿了改變社會的力量。《在愛裡相遇》這本書，尤其突顯了Bubu這最動人的單純意念。四個章節的內容，相繫在「內隱學習」的訴求中，逐一揭示品德、儀禮、敬業、責任、表達、追求、價值觀等教養細節的真相與真理。

從新加坡返台的Bubu結束了台南的餐廳，但隨即又在三峽開了另一種型態的餐廳。她依舊進入廚房，專心她的「耕讀」，無論人們稱她「作家」亦或「廚師」，她的意向與理念都不曾改變。她永遠甘於「母親」的角色，也永遠以「媽媽」這個頭銜為榮。

【推薦序】

唯有歡欣執行

親子教育工作者 鄧美玲

農曆年前收到《在愛裡相遇》的一校稿時，厚沈沈一大本，我忍不住想：Bubu這一年不是忙壞了嗎？除了一場接一場的演講和專欄邀約、親自打理新家的裝潢設計施工，也讓夢想中的社區教學餐廳Bitbit Café在三峽住家附近如期開張、運作了，她怎麼還有餘裕處理繁瑣的出版工作？

不過，繼之一想：這就是Bubu！大家看到她總是以超乎常人的效率，把一件又一件想做的事付諸實行，不免懷疑她到底哪來這麼豐沛的精力？據我的觀察，她的能量來源就是本書的主題——「愛」。但請讀者仔細分辨，這「愛」並不是盲目的感性覺受，而是通過每一天、在分分秒秒的實踐中累積的行動軌跡。然而就像在〈哺乳動物〉一文中，Bubu提到她總在宣導家事的好處，但說了又說，卻發現這是「說起來最簡單，卻不容易被歡欣執行的觀念」。

年假中，我和一位以人格教育為教學主軸，並已完成從小一到小六全科自編教材與教學實踐的小學教師，談到「品格教育」無法真正落實的問題，她寫信告訴我：

別看那麼多人喊著「人格教育」，你看看他們自己如果有孩子，會不會去拚知識、技術、能力教育？而且還自認沒有放棄人格教育？特殊學校現在很多，在教育過程中的人格是如何定位的？父母是因為人格去選擇這類特殊學校，還是因為這種小學能讓孩子「學到更多」？更多的知識、能力、技術，使孩子「卓越」。這類學校，真的有把人格放在上位，引導教學嗎？還是只不過活潑些、野外些、社團些、自由些？最終還是要求自己的孩子「卓越」？而我設計的教學，不過是要求教師要成為「正常的教師」、教學要「正常的教學」。在形式上，這太平凡了，不像那些燦爛的成果，一點都不吸引人。我走過二、三百個國中、小學，每一場演講、示範教學都引起某些聽懂的人震撼，你也親自看過，但何以無能為繼？很多人知道我的教學好，但是「做起來太累了！」。形式看來平凡，教師做起來又太累，這幾乎是不可能推廣的。

Bubu也走過很多學校。她曾在中部一所國中帶孩子進行實作課程，事後，安排課程的老師告訴我，該校的老師們傳看鏡頭下工作中的孩子，忍不住問：明明是一群讓人頭疼的調皮搗蛋鬼，怎麼一個個看起來都像資優生？今年二月，Bubu已經在Bitbit Café帶領了一群小學生為父母親做晚餐，Bubu告訴我，很多父母都不相信孩子做得到，也不相信生活中的實作教育可以培養孩子真正的能力，她只想帶孩子證明給大人看。

因為沒有真正相信，也就無法在生活的每一天「歡欣執行」，所以，儘管Bubu說了又說，也做了一場又一場示範教學，如果讀者只有短暫的「感動」，而沒有持之以恆的「行動」，Bubu令人驚嘆的效率與生活品質，就永遠只是高不可攀的神話了。

【自序】做個好大人，給孩子一份沒有虧欠的愛

蔡穎卿

當我在自己的餐廳工作的時候，總是很專注地享受烹飪或製作甜點的樂趣，因此，我很少離開工作的崗位。在廚房裡，我是一位創意自由的廚師；在我的廚房之外，我希望客人可以透過食物，在我布置的空間中慢慢體會我的文字裡曾經描繪的生活之美與工作之愛。

有一個晚上，廚房自動門間歇的開合中，有好一陣子不斷地傳出小女孩的尖叫與喊鬧聲。大約半個多鐘頭的喧鬧與外場服務人員的無法處理之後，我自願走向客席去一探究竟。

一走出廚房，我馬上跟一位幼稚園大小的小女孩打了個照面。她正緊貼著咖啡調理區的蛋糕櫃，大聲向服務人員要巧克力糖。那糖並不是我們店裡的商品，而是另一位服

務員的零食。稍早因為這小女孩太吵，大家試著用糖來安撫她，看看能不能使她不要吵到別的客人，沒想到卻越弄越糟。

我蹲下身去抱住那個孩子，好言對她解釋在餐廳用餐應遵守的規矩，因為她執意要糖，所以我答應她：「妳乖乖去坐在位置上，等會兒要走的時候，我讓大哥哥幫妳包一塊巧克力當禮物。」沒想到她老實不客氣地對我大聲喊著：「我不要，我要叔叔現在給我糖果。」我們幾番溝通完全無法達成共識，我對那個孩子完全無懼於大人勸導的頑強感到非常驚訝。我仍然想抱緊她、好好跟她說話，但她靈活的身手一下子掙脫了我，往櫃台的另一邊跑去，更大聲、更乖張地爬上一處不應站立的燈光區。我隔著櫃台繼續跟她對話，不時看到燭光搖曳下，正期待在寧靜的氣氛中享受美好晚餐的客人。

當時，四周的氣氛好極了，只是我與小女孩談判似的溝通完全破壞了這種景致。我快速地環顧一下周圍，看到了不只一桌的客人對我無言地點頭微笑，而我完全了解這微笑之後，自己在別人餐廳用餐時也曾有過的無奈與期待。

我想起了「虧欠」這個詞，所以，當我蹲下身去抱住這個孩子的時候，我可以感覺到自己的發抖。我在生氣自己為什麼需要去「對付」一個小小孩？我在生氣這麼小的孩子本應人見人愛，但因為大人虧欠她一份正確的生活教育，使這一刻的餐廳中，沒有人能付出對天真孩童應有的欣賞與憐愛。

我不能不回頭去想——

我們該如何做一個好大人？

到底，教育孩子比較重要？還是影響父母比較重要？

我記得Bitbit Café剛開始營業之初，我曾經接過一通電話。來訂位的母親在電話那頭非常客氣地問我：「我有一個一歲八個月的孩子，不知道你們覺得這種年齡適不適合到餐廳用餐？」我回答她：「其實我真的不知道這個問題該如何回答。因為，有些孩子雖然十八歲了，也並不適合外出用餐；但有些孩子雖然一歲八個月，卻可以成為餐廳怡人的風景。」

的確是這樣的，就在我走出廚房去勸導孩子的那個晚餐時刻，我為小女孩指出的學習對象，就是一位坐在嬰兒椅上乖乖巧巧的小弟弟。即使是嬰兒，在那種孩子的身上，你也很容易就會看到許多好大人的身影，交疊在他所煥發的平和穩定中。

「虧欠」是一個責備的詞、還是一個反省的詞？這跟我們對教養的期待與心胸的界線，一定有緊密的相關。

去年，曾有位讀者寫信問我孩子不受管教的事，我的想法也是「虧欠」兩個字：

> 我知道有時候小孩子會鬧情緒，是因為想得到別人的關懷與注意，但每每我與他分享心裡的想法時，他總是不領情，讓我很灰心。當我在教學時，常常會覺得：為什麼好好的跟你說，講道理給你聽，你都不接受；反而別人對你大聲斥責、嚴厲對你時，你才

會收斂一下呢？您不是說愛自己的孩子，也要對別人的小孩有同理心，怎麼他都不知道老師這樣是為他好呢？

雖然這個小朋友暫時不在我班上，但我依然期待他能知道，我希望他修正自己的脾氣，不然將來他會很吃虧。

我的先生說：都是你一開始教的時候對他們太好了，沒有來個下馬威的緣故啦！真的是這樣嗎？

我當時寫信回答她：

我了解妳所說的狀況與心中的無力感。但是一個基礎完全歪斜的孩子要改變，真的不是短時間內可以徹底做到的事。我們的環境、父母不正確的行為與觀念已經是一個反向的拉力，這些狀況都讓我覺得，成人虧欠孩子許多。

下馬威可以平一時之亂，因為他們就是在那種大聲喊叫的環境裡長大，所以總在試探自己要停在那一個高音中。連家裡的父母都常常這樣有口無心的喊，喊到沒有辦法了，來個怒吼，孩子忽然停

讓我們繼續為做一個好大人而努力；
讓我們以熱情生活的身影，投遞美好訊息的語言，成為孩子的活榜樣。

了，於是父母得到一個結論：這才是有效的教育方法。但是這個方式無法改變一個孩子真正的行為，只會讓我們常常需要不停憤怒地再下馬威。

所以我才想跟大家一起努力，期待我們從持續供應「好大人」的言行舉止做起。

我想喚起當個「好大人」的念頭，越來越強烈。設立一個部落格，把生活的感受化為教養的分享，於是成了傳達這份想法最好的管道。也許是因為生活日記的形式有一種綿密與真實，這種提醒與互勉似乎比專書更有延續力，從中所產生的互動也更深刻。

部落格成立一年十個月了，我自己二十年來的新舊文章已陸續貼上。在流動的網路上，我知道有一群朋友在無聲的文字中把自省化為實作，只為要供應給孩子一份沒有虧欠的愛。

所以，我要把這本書獻給所有花園裡的朋友——

謝謝你們在不知道的某處，以真誠的心意成為這本選集的合著者！

讓我們繼續為做一個好大人而努力；讓我們以熱情生活的身影，投遞美好訊息的語言，成為孩子的活榜樣。

生活之愛

我們總是過度高估物質條件帶來的幸福，
但我認為最好的家庭，
是父母擁有穩定愉快的情緒，喜歡自己的工作與生活。
如果這個基礎是穩固的，即使在困難中也會看到希望的光，
孩子自然也會比較樂觀向上。

生活的秩序

教養不是一個尋找答案的過程。它更像鋪路，得一天天、一寸寸地做；扎不扎實、平不平坦，由自己的工作品質來決定。親子共處最美好之處，就是盡心地在每日的生活中表達關懷與照顧。

我很感謝出版三本書以來，許多媽媽與我一起回到生活的實作中。不管是因為自己在孩提時深受母親的照顧而得到的領會，或在當母親之後，因為自己的付出而更確認的信念，這兩種角色與經驗都使我相信：教養不是一個尋找答案的過程。它更像鋪路，得一天天、一寸寸地做；扎不扎實、平不平坦，由自己的工作品質來決定。

史丹福大學在多年前曾做過一份長時間的研究，觀察中證明：「能自律的孩子比較幸福。」這樣的孩子，他們人生的成就也比較高。我常常在想「自律」的意思是什麼？又要如何從生活中自然而然地養成孩子自律的習慣？

在當了許久、許久的母親之後，我得到的結論是：自律是一種反映生活秩序的精神管理。每一個懂得自律的孩子，大約總在非常有秩序感的家庭中長成。

時代前進，生活的忙碌改變了父母教養孩子的方法與觀念。過去所謂的家庭常規建構出來的生活秩序，已經因為食衣住行的供應方式而改變；原本屬於家庭的穩定氣息，也漸漸在商業鼓舞中走味。父母不再努力耕耘家庭的廚房與餐桌，上餐廳吃飯也不再是孩子偶有的珍貴經驗，外食成了生活的常態。

對生活變動、工作忙碌的我來說，永遠開心地在水槽前為家人忙碌，
是我給孩子生活安全感的重要訊息。
於是，家事不只是家事，而是一種生活的秩序。

有幾個理由使我反對父母常常帶孩子外出用餐。一是工作日中如果再挪出時間外出，往往打亂生活的節奏，這使孩子失去童年生活需要的規律性與安全感；另一是在餐廳中，往往人聲雜沓，父母要如何好好地跟孩子談話、分享一天所得？親子共處最美好之處，並不在於父母特意挪出時間、精心規劃一場家庭旅遊或活動，而是盡心地在每日的生活中表達關懷與照顧。

我因為一直在工作，對大家所感受到的忙碌也深有體會，但是只要想到母親的安定對孩子的意義，我總能在百忙中要求自己。

當我把這些心得跟大家分享，有時候也不免擔心自己所說的太平凡，

當一個母親看到孩子津津有味的吮指之樂時，心情必然是十分滿足的。
這樣的食物情感也將是最美的家庭樂趣與回憶。

一如有讀者給我的批評——「雖然很用心，但並不感人」。

但是，在某些片刻中，當我得到一個孩子的笑臉、一段有趣的回饋，我就相信，自己不斷遊說媽媽們回到生活中的想法，雖不感人，也許是可親與實用的。

去年我應台中小蝸牛幼稚園之邀去參加一場座談，之後每隔一個半月，都會去為老師們做一次烹飪實作的師訓。右頁的這些照片是在一場師訓中拍下，孩子們吃到糖醋排骨的表情。

我相信，當一個母親看到孩子那津津有味的吮指之樂，心情必然是十分滿足的。回想我自己成人後所記憶的家庭樂趣中，也是這樣的食物情感給了我最美的回憶。

如果，一位忙碌的母親還能想要把一道菜為孩子燒得特別好、或擺得特別漂亮，相信她的心情大概不會是紊亂不平的。那種穩定，決定了一個家庭和樂的氣氛與心靈的安全感。

因此，家事不再是家事，而是一種生活的秩序。

跟時間好好相處

孩子在應付各種緊張狀況時，我就會特別鎮定，
如果我也緊張起來，整個家的感覺就會更躁動不安。
我喜歡跟時間好好相處，不讓它來逼迫我，所以許多事更要提前準備。

六點Pony的鬧鐘遠遠從她的房中傳來時，我已經醒了一會兒，躺在床上想著今天該做的許多事。她起床跟我道早安的時候，看起來精神好極了！我記起昨晚睡前，她跟我談起貝聿銘的建築和包浩斯學派的精神與學術重點，我也告訴她陳其寬與路思義教堂的故事，並答應她下個月回台灣時，帶她去東海校園走走。

我發現，孩子睡前如果有愉快的話題，睡醒後精神通常都非常好。如何與她們保持愉快、內容豐富的談話，成了我常常主動思考的生活習慣，尤其在她們壓力非常大的時段。

接連下來的一個星期中，Pony要考四科AP（Advanced Placement），這是全世界一起舉辦的考試，關係到大學學分的抵銷，更關係到大學評估一個高中生潛力的問題。我知道她難免感覺到緊張，但是與其說一些無關痛癢的安慰話，不如給她更實質的幫助——不緊張的媽媽心、均衡的營養食物、愉快的環境氣氛和節奏舒緩的對談。

孩子在應付各種緊張狀況時，我就會特別鎮定，因為

如果我也緊張起來，那整個家的感覺就會更躁動不安。我喜歡跟時間好好相處，不讓它來逼迫我，所以許多事更要提前準備。

今天吃早餐的時候，我問Pony會不會有Monday Blue？她睜大眼睛驚奇地說：「不會啊！為什麼會有？」繼之一笑說：「但是我會有Weekend Bright。」我想到這個週末，她把AP都考完、爸爸也回家了，我們應該去海邊走走。

我看看窗外的藍天，想著每一天都可以有努力的計畫，和努力之後小小的犒勞，忍不住開心了起來！

星期一，加油！

二十二年兼顧家庭與工作，
我學到當母親最重要的功課是跟時間好好相處，
如果生活要有餘裕之感，凡事都要提前準備。
用心布置一個家，使我感受到自己在忙碌中，
還有緊緊掌握生活的能力。

家事導師

做一個母親、一個家事導師，最需要的是「趣味的希望」，而不是「耐心」。孩子常常希望妳能陪著他一起做家事，而我總在陪伴的當中懷抱一種希望，希望他們也能得到一種非常單純的樂趣。

星期天的早餐之後，我加入了孩子們的清潔工作。和孩子一起料理家事的時候，時光彷彿倒流回自己的童年，母親帶領著小小的我，學習家事的技巧，領略工作當中的樂趣和工作之後的成就感。

我的家事學習開始得很早，小學四年級的時候，母親已經把一整個家的清理工作交給了我。我的父母很勤奮、工作很忙，因此我一心一意想為父母分憂解勞，希望他們結束一天工作回家的時候，一切家事都已經做完，而且做得很完美。

我是家裡四個孩子當中最小的一個，因為父親是家鄉的中學校長，父母親不希望我們一直被特殊對待，所以一上中學，就一個個把我們送到台北去讀住宿學校。我上四年級的時候，長我三歲的小哥哥也離家了，我因此感到非常寂寞，放了學總會想起哥哥姐姐，先獨自傷心地哭上一回，然後坐在房間裡開始想，我該怎麼動手把家裡打掃一遍。現在回想起來，真是感謝自己有機會接受這樣的生活訓練。

當時，我們的家是一棟近百坪的日式庭園房子，我必須非常有組織力，才能在時間內把許多事做好，因此我是從生活裡學會「時間管理」和「工作效率」的。母親雖不曾要求我把家裡打點到什麼程度，但由於我很仰慕她的生活品味，因此她不需要要求我，我也會要求自己。小小的我模擬著媽媽平常安排家事的方法，學習管理自己身邊的大小事。

媽媽只要一有空，就教我做很多事，烹飪的、縫紉的、清潔的；她也為我讀日文雜誌，在那些美麗的照片裡學習不同的生活。我印象很深刻，雜誌裡有一個國際牌的家電廣告，畫面上是一個好可愛的四、五歲小女孩，她跪坐在榻榻米上燙著一條小手帕，旁邊只有一句話，翻譯起來的意思是——「媽媽是最初的老師」。我的母親一直是這句話不餘遺力的實踐者，我也希望自己能持續努力，追隨在這個責任信念之後。

想想今天早上我和孩子們做了些什麼？我們研究床罩怎麼鋪會更好看；我們洗碗時察看了許多清潔的小細節；我們還一起聽了點音樂。這些事我們都不是第一次做，但做一個母親、一個家事導師，最需要的是「趣味的希望」，而不是「耐心」。因為孩子時時會使妳失望，她們有時很不愛做家事、有時無法自動自發，如果我們只用耐心去帶領，那太消極也不夠有趣。孩子常常希望妳能陪著他一起做，而我總在陪伴的當中懷抱一種希望，希望她們也能從中得到一種非常單純的樂趣。將來有一天，當媽

照片中，朋友與她的小女兒來我家幫我們的新居上窗簾。母女同工的畫面，讓我想起了每一個母親都曾是孩子成長中的家事導師。

我想帶領孩子去領略「動手做」的美好，讓她們和生活產生愉快而單純的互動。

媽不再陪伴的時候，她們和生活也能產生這麼愉快、這麼單純的互動。

我與母親一起做家事的習慣，延續至今從未間斷過，只是現在我們變成互相欣賞的「家事朋友」，不論武藝的高低，但論學習的心得。這樣的親子關係真切而美好，是許多專家建議也無法幫忙建立的。如今，我的家事導師雖然年已七十卻寶刀未老，一道「咖哩螃蟹」讓她一線連起美國的大姐、曼谷的我和台灣的她。「每個人都要做做看、好吃極了！」媽媽在電話中這樣叮囑我們，當然是要做的。

因為有這麼一個家事導師時時在督促我們，讓我更想帶領孩子去領略「動手做」的美好。把衣服摺得整整齊齊很快樂、把餐桌布置得漂漂亮亮也很快樂；把混亂化為平整很快樂、照顧別人更快樂。身邊的快樂這麼多、這麼實在，我要她們一樣一樣都懂得。

自省之後的實作

＋我很喜歡妳的文章及教導小孩的感覺，我也是從小就做家事的人，卻沒有妳這麼深刻的體會，原因就在於從小的觀念是：家事是苦力，沒有妳那共同分享的感受。雖然如此，長大後在外地上學及工作，卻也因為從小做習慣家事了，並不以此為苦。希望我能再用心，感受你們做家事的美好，以及將這美好傳給我的小孩……努力學習中。——邦妮

＋最近才讓我家女兒學做一點小家事，看到妳的這篇文章正是時候。從小沒有做家事的習慣，因而到現在是媽了，還是不喜歡，讓女兒做一點家事有點罪惡感。可是過來人都知道，一點一點慢慢來，到最後才不會覺得難。——Judy

我常常跟小朋友說，如果她們很會料理自己身邊的事，那金錢就不是最重要的事了。同樣的預算，重視生活又擅於家事的人確實可以創造出更多的精彩。不過，家事訓練的路很長，指點孩子享受自己動手照顧自己的成就感，是很重要的。

——Bubu的回應

＋我昨天試著讓兩個小孩做家事，請他們一起洗碗。看著弟弟扭捏地用泡綿洗碗，樣子真是可愛；姊姊則是一面沖洗碗盤，一面構思如何整理碗盤。過去，我從沒想過讓兒子一起幫忙，原來他也可以這麼享受做家事的樂趣呢！以前常會因孩子沒做完功課，所以就省去了讓他們做家事的機會，看了Bubu的書之後，我決定換個方式，該做的還是先做吧！希望我能持之以恆，讓孩子也有機會利用家事來喘息一下功課的壓力。——Gloria

＋讀過Bubu的文章，一定有人會想：「難怪Bubu這麼棒！原來她的爸爸媽媽就這麼棒！」如果我們未能在成長時期培養這麼好的生活教養，我們自己也不夠好，那怎麼辦？就跟孩子一起開始重新學習吧！至少我們要開始做「好大人」！——Mling

＋身為一個國小老師，我的生活中要接觸許多孩子，只是我必須遺憾地說：包括我自己在內，多數的孩子實在很少有您書中這種溫馨卻不失紀律的生活體驗。儘管我還沒有小孩，但似乎也能預期自己一不小心就會以忙碌為藉口，打發掉陪伴孩子學習的機會，之後還抱怨著孩子不勤快……儘管大部分家長無法有像您一樣充裕的時間和精神，來照顧著一個家庭的點點滴滴，我還是很希望能與他們分享您在過程中得到的快樂。不知道您是否能同意讓我將這篇文章印出來給班上家長欣賞，使孩子們得到更大的福分呢？謝謝——Deer

Dear Deer，很謝謝你能印出這篇文章給家長，生活的行動力是培養一切能力的基礎。如果能得到某些父母的認同而開始實行，我覺得孩子是十分幸運的，將來一定會看到他們有統籌的能力與分析事理的習慣。——Bubu的回應

食物與愛

在照顧孩子的生活中，有兩件事對他們很重要：
「足夠的安靜」與「好的食物」——精神的環保與身體的環保。

要離開台灣前的星期六黃昏，店裡正開始忙的時候，我接到沈昕的電話。這個跟我一樣害羞的朋友主動打電話來，我知道不能錯過這個通話的機會。但當時很忙，我不該在員工衝鋒陷陣時，自己好整以暇地問候聊天，所以和她約定了等工作忙完，七點半在成大榕園見面。我常利用清晨或晚上去快走運動，我們可以一邊運動一邊聊聊。

在榕園見到沈昕時，她穿得太漂亮了，那雙包在低跟皮鞋中的腳如果跟著我快走，一定起水泡。我們已經有好久好久沒有單獨見面了，於是決定一起去吃點東西，坐下來聊，從消耗體力改成儲備能量。

進食間，話題從我的工讀生轉到她的導生。沈昕說她最近在幫助一個學生調整作息，因為那孩子老是起不來，常趕不上早上的課。這個大二的孩子也想改變自己，她試著提前上床，但不到清晨五、六點還是無法入睡。我建議沈昕提醒一下她的學生，注意自己中午過後的飲食。

越來越覺得，雖然大家的飲食知識似乎因為出版的普及而豐富許多，但是這些知識能貢獻於生活管理的部分，卻與閱讀不成比例。仰賴外食的人，有些知識了解了也沒有用，因為自己沒有辦法控制食物中的營養分配。

在台灣，我總是非常訝異各個職場整天飲料外賣叫個不停，每個人手上都有好大一杯各類茶飲，喝不完也不介意，隨手一丟；一天之中，還常不只買一次。那些飲料中，糖與咖啡因的含量實在令人擔心。我覺得沈昕那個睡不著的學生，該好好注意一下自己的飲食，如果她是身體非常敏感的孩子，某些飲料或食物很有可能導致失眠。

有一次，我搭高鐵到桃園機場時，也看到鄰座一對年輕的父母買熱紅茶給兩、三歲的小孩喝。當時，心中不知道為什麼，泛起一股小小的怒氣，我很生氣他們看起來如此疼愛孩子，實際上卻這麼不會照顧幼齡兒童的飲食生活。

我想跟小小孩的媽媽們說，要多關心孩子的食物攝取。如果突然有一天，你發現孩子特別不乖，除了檢查他的身體是否不舒服，也請檢視他當天吃過的食物。在照顧孩子的生活中，我覺得有兩件事對他們很重要：「足夠的安靜」與「好的食物」——精神的環保與身體的環保。

另外，我真的很想苦口婆心地再說一次，還是多下廚吧！自己做飯可以避免攝取不必要的添加物，也可以使你的花費得到更好的品質回饋。

愛孩子可以有方法，生活的照顧是最基本的關懷。如果能從小為他們培養良好的飲食習慣，孩子將會受用無窮。

自省之後的實作

從小媽媽就不太愛我們在外面用餐，總是會不辭辛勞，早起為我們做早餐，午餐又匆匆趕回家為我們處理晚餐。年少不經事，總以為外面的東西好好吃，別人的中餐有紅茶等飲料，我們卻只有媽媽準備的綠豆湯；等到自己上大學了，才發現原來外面的三明治沒有媽媽的熱粥小菜好吃。現在自己也做了媽，總算可以體會當初媽媽的用心。我女兒才一歲，白天我要上班，但是她的餐點我都會一大早起床準備好，連她五歲大的堂姐，還會吵著說要吃嬸嬸做的便當呢。現在想想，以前真是太不懂事了，原來在家吃早餐的小孩是最幸福的，我是人在福中不知福。今天要打電話，跟我媽撒嬌一下，過幾天回娘家請媽媽秀秀手藝。——Nuhai

記得讀過一句英文是："You are what you eat." 吃下肚的食物真的很重要！我住在高物價的瑞士，因為要做個勤儉持家的主婦而開始學做瑞士餐點，因為買不到自己想吃的家鄉味而學做中式餐點。十年下來，除了廚藝上的進步，其實最大的收穫是家人的健康，以及全家一起吃飯時專屬於「家」的溫馨感覺。瑞士小孩不只在家吃早餐，午餐也在家吃，很多瑞士爸爸也是回家吃午飯的（晚餐在家吃更是當然的）。我知道在台灣有很多要上班的辛苦媽媽，但是，真的，再忙也要為家人做菜！我們大家一起努力！——Angela

「安靜」的滋味

在「靜」中，才能體會、觀察到動的美與力量。
尤其在這個供給過度、喧擾頻繁的世界，父母能從小培養孩子擁有寧靜的身心，
而不自感孤寂或不安，等於是為他們積累一項豐厚的生命財富。

我一直覺得「安靜」很重要，我之所以能承受許多人覺得過重的生活負荷或做好時間管理，就是安靜賜給我的禮物。

我曾經很好奇，為什麼社會大力推行的環保運動與教育中，「安靜」並不是很重要的項目。喧囂與吵嚷所帶來的生活污染，我們似乎忍受得十分習慣與自然。我把生活中的安靜視為家庭氣氛中必要的品質，多年來，我也覺得這帶給兩個女兒某種沉思的習慣與力量。人在安靜中，才能審視自己、與內心對話。

我很高興《雲門》期刊的楊孟瑜小姐用e-mail和我做了一篇關於「安靜滋味」的採訪。楊小姐已經把內容做了很好的主題編寫與連結，我把原始的問答整理如下，想跟各位朋友再度分享我對生活中「靜」的想法。

問：您覺得做父母的，可以如何讓孩子體會「安靜的滋味」？而這樣做，對孩子最大的幫助是什麼？

我很久以前曾經看過一篇文章，敘述印地安人的小孩常常被要求安靜地坐在父母身邊，他們花很長的時間一起看遠處雲的走動、山的色彩變化，以及天地間萬物呼吸的律動，這是教養孩子的一種重要方式。

我也覺得只有在「靜」中，才能體會、觀察到動的美與力量。尤其在這個供給過度、喧擾頻繁的世界，父母能從小培養孩子擁有寧靜的身心，而不自感孤寂或不安，等於是為他們積累一項豐厚的生命財富。

我所謂的「靜」，指的並不完全是把孩子閉鎖在一個無聲、與外隔絕的世界，而是允許孩子有一個心靈自處的空間。比如說，當一個小小孩拿著一本繪本，父母除了指引的共讀之外，也應該給一段沉思的時間。或許我們看到的只是他盯著一個畫面在發呆，但並不需要急急去檢查，或憂慮他是否在浪費時間。

現代的家庭不能給孩子「安靜的滋味」，除了外在的聲響與干擾太多之外，還有因為時間總是緊迫而造成的「急躁感」。比如說一大清早就開始匆忙用餐、趕趕趕，放了學，接來送去、繼續趕，直到一天的終了。

當了母親這二十年來，我的工作一直都很忙，但是不要因為忙而亂，是我努力的目標。我知道心亂的父母無法帶給孩子安靜與安定感，所以我從不跟孩子抱怨「我很忙」。我節約片段的時間為家庭的作息做更好的準備，目標就是要把生活過好。我發現這對孩子是有影響的，兩個女兒在功課壓力極大的幾個階段，也從不曾訴苦自己的重擔。

我每天早上，總比孩子早一點起床，然後把窗戶完全打開，歡迎晨光與空氣到屋裡來，再進房去叫孩子。喚醒孩子有好多方法，但只要把床上的孩子想成自己，我們自然會知道哪一種方法，最能使熟睡中的孩子喜悅一天的開始。我常常只是輕喚一聲，然後坐在床沿摸著她們的臉頰與頭髮，就能使她們微笑地睜開眼睛。我知道有些父母一定會說：「我哪有這種美國時間！」但我還是會回答，有的，一定會有的。大聲喊叫也許需要五分鐘才能叫醒一個孩子，安靜地走到他床邊牽起孩子的手，對他輕聲一兩句，有時候連五分鐘都不到，但那些聲音卻往往可以影響他面對一天的心情。

在急促紊亂的腳步中，孩子一定很難感受到「安靜的滋味」，所以父母在繁忙的生活中為孩子示範一種穩定、安詳的生活態度，是帶領孩子感受安靜的好方法。我相信在這種環境長大的孩子，也比較有穩定自己的力量。

問：您覺得大人本身是否也該有這樣的體會？那會是生活中一種怎麼樣的力量？

生活是一種循環，父母親當然也要有同樣的體會，從安靜中再生每天所需的新能量，才能帶來好的生活品質，以供應家庭的精神之需。

我們總是過度高估物質條件帶來的幸福，但我認為最好的家庭，是父母擁有穩定愉快的情緒，喜歡自己的工作與生活。如果這個基礎是穩固的，即使在困難中也會看到希望的光，孩子自然也會比較樂觀向上。

我通常無法刻意為自己挪出安靜思考的完整時段，所以特別喜歡做家事，因為在操作中，不但使家人得到更好的生活品質與樂趣，也提供了自己心靈安靜的片刻。每一天，我都在這種肢體在動，但心靈十分寧靜的時刻，整理自己的教養與工作思緒。

父母若能體會這種安靜，而不覺得待做的雜務使人煩躁，不但可以讓孩子得到一種面對生活的示範，也能多做許多事。安靜會給生活帶來留白天地寬的餘裕之感，我想這對現代的父母是更需要的。養育孩子需要精力、勇氣和智慧，沒有給自己安靜的時段，如何能轉化每一天需要的熱情與力量。

問：您的孩子，學音樂、舞蹈，也學過書法，您覺得她們如何在這其中領會「動」與「靜」的美妙？

孩子學習這些所謂的「才藝」時，我們總是花很多時間，分享她們與這些活動所產生的心靈互動。期待了解孩子的感受，等於在對她說：「我很欣賞妳，我很羨慕妳。」雖然她們並沒有展現特別讓人驚嘆的成果，但在過程中，親子之間的分享，已經是一種很大的享受與獲得。

「動」與「靜」是每一種活動的一體兩面，我期待她們從這樣的活動中領悟到那份完整自我的喜悅。不用靠著久久練習後的一次表演或比賽，才能確認成就感，而是每次參與、每次從事，就從心裡的靜去感受到動的啟發、美感與力量。

我記得那年Abby去雲門跳舞時，是夾在一群媽媽當中，雖然有些好笑，但對她來說，那是她一週一次非常重要的事，那種「重要」，我體會得到、也喜悅看到。

在安靜中，人才能擁有足夠的反思空間。
一個孩子的成長，如果有足夠的安靜，
除了耳聰目明之外，也會更深刻。
安靜是生活的背景，不管在哪裡，
像這樣一架書就會是自己與孩子享受安靜的角落。

問：根據您在《中國時報》的文章〈值得的等待〉所談到的，我覺得大人願意「等待」孩子講話，也是一種必要卻往往被忽略的「靜」，您同意這樣的看法嗎？

絕對是的。我們總是擔心孩子反應不夠敏捷，如果一個孩子小時候就伶牙俐齒，似乎代表著某一種程度的聰明，所以許多父母會擔心自己的孩子話說得晚、話說得慢或話說得不夠好。我覺得讓孩子把話說出來，比反應快更重要。語言是表達心思的工具，它還會從工具演變成一種藝術，無論如何都應該允許孩子慢慢說出自己想說的話。只講求反應要快，會抹煞掉許多真話產出的可能性，非常可惜。我相信孩子的每一句話都是一種創造，如果我們在小時候就不允許他們創作，長大才要用各種各樣的學習來引發所謂的創作力，似乎是一種繞遠路的做法。

願意等待的父母，心情自然是比較恬靜的，因為這份等待中充滿了「期待」，期待那個小小的心靈自己發聲、自己表白。

有一次，我去台北縣帶領一個小學的親子點心製作課程，有個小男孩來拉我的裙子，然後遞給我一張紙條。上面畫了個頭髮亂蓬蓬的女生，並且用注音寫著：「蔡阿姨：我覺得我喜歡妳，我覺得我喜歡這裡。」下面簽著他的國字名字。他實在太小，我不得不蹲下來跟他講話，我問他：「你幾歲？」他害羞地比一下「五」，又輕輕說：「中班。」「哇！」我大感驚訝，忍不住稱讚他：「中班就會寫這麼多字，蔡阿姨中班的時候不會寫字呢！」他突然非常擔心地拿回那張給我的紙條，移到桌角，用握在手裡的短鉛筆，仔細地在他的名字旁邊一一加上注音，好像在說：「妳不認識字沒有關係，我給妳寫上注音，這樣妳就會唸了。」那晚，他前前後後送了我好幾張紙條，用簡單的文字不停地表達他的高興。我很欣賞他的父母，含笑靜立看著孩子與我之間的情感投遞，而沒有說：「唉唷，不要再寫了！夠了啦！」到現在，我還收著那些紙條，十分寶貝那份五歲的心情。

問：您書中曾談到曼谷國際學校的老師們無需聲嘶力竭，就能讓一百多個孩子從混亂到安靜，這部分可否為我們再多做一些描述，例如老師們是做了什麼樣的手勢，可以如此奇妙地讓孩子們安靜下來？您覺得在這過程中，讓孩子們安靜的「關鍵因素」是什麼？是老師的態度嗎？抑或是其他因素？

我曾看過好幾次這種讓孩子安靜下來的方法，覺得好極了。回答這個問題之前，我也問了十二年級的小女兒，她說到現在還是一樣，不管他們有多吵，只要老師一個信號（signal），大家在一兩秒之內馬上會安靜下來。我很好奇，十二年級的大孩子總不會還在比著不斷更換的手勢吧，那他們的信號又是什麼呢？她說：「一個輕輕的口哨音、或一個小敲擊聲。總之，這是從小就訓練起來的默契。」她特別強調，大家之所以看到老師們做手勢就會跟著做，而後安靜下來，是因為從小就被教導「安靜地聽別人講話是一種必要的『尊重』。」而彼此尊重是學校教育中非常重要的觀念，很多事就靠著這個觀念而運作順暢。

我在台灣看到老師想集合孩子的時候，多半不是吸引孩子的注意，而是以音量來鎮壓，鎮壓完也沒有交換彼此的感受，於是又一陣蠢蠢欲動的蓄積之後，再來一次更有威力的震撼，如此反覆的結果是，老師的嗓子多半是沙啞的，而孩子講話也多半是用喊的。我每次聽到講話像在喊叫的孩子，就猜想他應該是經歷過輕輕講話沒人理會的階段，以致後來得到一個「講話要大聲才有人聽」的結論。有一次，一個小朋友跟我講話很大聲，我不禁笑著跟他說：「阿姨就站在你前面呢！你輕輕講我也聽得到呀。」他想了一下，似乎覺得我說的也沒錯，自己忍不住笑了起來。這就是我所看到的狀況，孩子與老師是不自覺地在加大自己的音量，像疊羅漢一樣，一次次把對方壓倒，只為引起短暫的注意，不但耗費體力，也讓環境不得安寧。

我可以想像，身邊如果有五個、十個講話如此大聲的孩子，老師真是很困擾。問題是，我們一定要在孩子小的時候就注意這樣的習慣，如果不重視培養的過程，只期待好的結果，就真的太不切實際了。跟孩子相處時，眼神有時候比聲音還重要，一個總是溫柔、關注的眼神，是教導過程中不可缺的要素。老師與父母都相同，穩重安靜的心情與神態，通常可以贏得愛戴。如果父母與老師希望孩子聽話，自己的心情無論如何都得先安靜下來，才會有引導的力量。

自省之後的實作

一直以來，我們都被教導「只要好好讀書，其他家事不用愁也不用做」的價值觀，所以走進家庭生兒育女後，自己就成了那個徒有學歷卻不太會生活的媽媽，趕鴨子上架的結果，總是一團亂。但是最近我逐漸改變、並實行Bubu學姐所傳導的一些生活智慧理念。真的，利用做家事這「肢體在動，但心靈十分寧靜」的時刻，整理自己的教養與工作思緒，如此的時間管理以及對家事的正確態度，我學到了，也從中得到好處和動力。其實我常有很多的想法，卻以諸多的條件限制當藉口（諸如我沒有成塊的安靜時間），但最近我開始抽空寫作，開始留意身旁的一草一木，專注與孩子的每一個互動，開始照著學姐所活出的典範，在生活中實行。雖不完美完整，但我讓自己儘量趨近這些美好的教育、生活理念。而我很高興，我真的從靜中獲得了動力。——Debbie

自從閱讀了Bubu的《廚房之歌》，我才知道原來生活可以這樣過，家庭與工作可以各得其所，在內心的安靜中可以找到這麼大的力量而且源源不絕，一整天忙碌下來依然氣定神閒呢！在這些天的實際操作中，家庭的氣氛變得更為融洽和樂，不僅兩個孩子受益，我個人更是重新活了起來似的！我當媽媽至今十年了，直到現在，我才體會到什麼是親子之樂，再忙也要留些時間給孩子！——K.K.

錯過的何止是一餐飯

晚餐時刻，兩個孩子總是搶說著各自的一天所得，而每個人不管寫什麼，家人又總是義不容辭的責任校稿者。這些習慣使得孩子雖然去了大學，我們仍能以課業為話題中的一環，來進行另一種親子溝通。

Abby入賓大之後，我們家的晚餐少了一個孩子的談助與歡笑。Eric與我每個月到處奔忙，有時交疊會合於新加坡的家，有時錯身而過猶如接力賽。如何經濟我們的時間與用心陪伴十年級的Pony，成為未來三年中我們最珍惜與盡力擔負的責任。

Abby離家後，我們把新加坡的家搬到原本社區對面的一棟大樓去，九樓住家中的起居室有一整面透明落地窗，八片白色的推窗微微斜角接成了一個圓弧的景觀牆，凝眼處是一大片草地和林木蓊鬱的矮山開擴地與遠處的天際接合。我一搬進新家，就把餐廳搬到這個全屋景觀最好的角落，因為餐桌才是我們一家集會的重地。

上學日的下午六點半，練完舞的Pony總會跟著一兩位同學，沿著餐廳那片落地窗前的林蔭車道，從學校緩步回家。她經常把一件淺粉色的連帽衫罩在黑色的舞衣褲上，移動的身影映著一片深淺有致的草地與樹林，我遠遠就能看到她。一邊看著我就一邊把餐墊和餐具都擺好，五分鐘之內她會繞過小徑從前門上樓來。等著她淋浴的時間，我再把餐點最後的步驟完成，然後不管是兩個人還是三個人，開始好好一起用個晚餐，也開始我們一天當中最重要的相聚與談話。

Pony今年課拿得重，進階化學與大學生物同修，每個星期三進實驗室，一、二、五跳舞，早上總是七點就到校去畫圖，報告、散文一大堆，常常熬夜，每天唯一可以跟她好好談話的時間，真的就只剩晚餐的桌前相聚了。

我曾與好友月仁討論過，如果不是從孩子小的時候，每天努力經營著全家的晚餐時刻，Pony的中文如今一定一團糟，小五那年大概也無法回台灣接續小六的課程。這樣的回顧，又在昨晚的餐桌上回到我的腦中。

當時，Pony正興高采烈地跟我們講述生物AP的一個實驗，有些詞她不懂得中文該怎麼說，正在努力解釋與遲疑當中，爸爸已經起身到書房取來一本中英對照的《生物學辭典》，翻閱著告訴她這個詞叫什麼、那個現象中文又怎麼說，比如在生物學上，「water potential」的中文叫做「水勢」；我呢，就負責開啟她解讀表意字望文生意的邏輯思考，所以這個晚上她學會了「勢」有「力量」和「方向」的意思。在這種對談中，Pony通常也會把她知道的中文詞講出來，比如說「勢力」，我也再告訴她「風勢」、「趨勢」等延伸的辭彙。

從小，Pony就是借助著回家分享一天所學，而有機會親近中文的。在分享中，她等於在練習口語的翻譯，也因為如此，這十幾年來儘管她唯一的中文講話對象只有家

我在餐桌上關心孩子、分享自己的生活學習。
我不願意錯過與孩子同桌的每一餐飯，因為我知道，教養工作永遠是在生活中進行。

裡的大人（姐妹倆之間很少說中文），但是因為談話的內容每日更新，不反覆在日常有限的字組裡，所以我覺得她的中文語言內涵不算太差（寫的練習就真的少了）。

這幾年Pony開始學日文，我們的交互學習又開展了另一種新的經驗。說來很奇妙，我是從小跟著父母自然而然學日文的，Pony則是用英文去學日文，所以當我們一起談起有關日語的任何問題，其實是用三種語言來串聯溝通，不只是她得到指點，我也從中學到很多新知識。Pony的片假名學得特別好，在我看來這實在很奇怪，她是說英文的孩子，但發起外來語卻可以完全尋著規則，非常有日本味。我呢，反而一直被困在腦中英文的發音裡，外來語常常講得不標準，近於英文卻不像日文。但在Pony的影響下，我竟然也開始心領神會了；Pony的漢字學習則在我的解說下，懂得留古意存古音的要訣。這些心得的交換在忙碌的生活腳步中，雖然不能一日花費很多時間，但是因著日積月累，也有一些安慰、歡欣的小成果。

我當然也常常會回想起Abby在家時，我們那種更熱鬧、內容更多元的晚餐話題，兩個孩子總是搶說著各自的一天所得，而每個人不管寫什麼，家人又總是義不容辭的責任校稿者。這些習慣使得孩子雖然去了大學，我們仍能以課業為話題中的一環，來進行另一種親子溝通。

Abby在賓大選修的課程中，有一堂名為「日本古代女作家研究」的課，我們常用Skype討論清少納言的《枕草子》，那種跨越時空、超越語言，連結在親子之間的讀書會，使我深深感激著過去所貢獻給我們的每一個晚餐時刻。

我知道，在那無數美好的黃昏裡，如果沒有了被視為非常重要、持續進行一如美好儀式的相聚，我們所錯過的一定不只是一餐飯而已。

希望的羽翼

我想要在孩子的心靈世界裡佔有寧靜的一角，
渴望和她們擁有許多尋常卻豐富的記憶。
和孩子們一起讀詩的時候，愛和希望總會紛紛起落在我的心中。

我和孩子們每個星期都會花些時間來讀一點詩，對我來說，那是最美麗的親子相處。能為她們指出一些詩歌的美、介紹詩人的生平，聽她們甜美的聲音朗讀那些奇妙的作品，我覺得非常的快樂。因此大力推薦這樣的快樂給每一個母親。

我曾和Abby花了將近四年的時間，把整本《唐詩三百首》和一部分的宋詞做了詳細的研讀。那時Abby在寶仁小學上一年級，這番工夫對現在轉受英文教育的她來說更有價值了。至少她不用像尼赫魯和李光耀一樣，長大後因為對自己的母語體會得不如英文而哭泣。但在當時，我們並不是為今天的處境而做預備，純然只是為了「享受詩歌的快樂」而讀；也不因為與課程無關而停歇，如今得著意外的收穫，只有喜出望外足以形容。

我們曾在曼谷的紀伊國屋書店找到了一本很好的詩集，書名是《為年輕人大聲地唸詩》（*Read-Aloud Poems For Young People*）。書中收集了二十二位詩人的作品，都是適合大小孩子的詩作，內容經過很周詳的分類，項目包括有「愛和友誼」、「與家人相會」、「讓我們假裝是」、「土地和天空」、「只有我」……。那天我們在被分類為「值得思考的詩」裡，選讀了羅賽緹那首很可愛的詩〈粉紅是什麼？〉，接著看到下一首是愛蜜莉．狄金遜的〈希望〉。

我讓孩子讀我讀過的書；書裡有我自己的筆記，也有與她們同讀時的記錄。

詩的翻譯實在不是我的文字能力所能勝任，但我仍不諱粗淺地把第一段非常觸動我心的幾句翻譯出來——

希望是長著羽翼的小東西
它棲身在我們的靈魂深處
一路唱著無言的歌　永不停息……

這首詩在愛蜜莉的詩集裡我也常讀，但那晚和孩子們一起讀的時候更加感動。我和泰戈爾一樣，想要在自己孩子的心靈世界裡佔有寧靜的一角，渴望和她們擁有許多尋常卻豐富的記憶。和孩子們一起讀詩的時候，愛和希望總會紛紛起落在我的心中。

我願意每日張著希望的羽翼，與孩子共同遨遊在心靈交會的天空，也願意她們永不停息對文字的美、生活中的安寧，以及人與人之間的友愛，懷抱最深刻的「希望」。

自省之後的實作

＋看到Bubu的留言：「孩子的身心穩定，如果在家庭中獲得很大的力量，她就比較能應付家庭以外的問題。」一點都沒錯，教學的這幾年，看過太多因為家庭因素而封閉內心的孩子，一方面為他們心疼，一方面也無奈自己所能給予的關懷有限。每次看到家長抱怨老師沒把學生教好時，真的都想告訴他們，孩子在成長的過程裡，家庭陪伴他的時間才是最長的，如果每個孩子都能在溫暖的家庭中成長，他們絕對會健康很多。——Irene 061021

＋小二的女兒在學校晨光教學的讀經課上常有個困擾，就是義工老師只要小朋友們跟著「唸」，卻不解釋意思。譬如《論語》，義工老師帶著小朋友唸一唸，然後就找繪本或品格教育的故事來引申，但女兒都不懂這些故事和剛唸過的《論語》有何關連。唐詩也是一樣，只要求小朋友朗朗上口。我知道現在學校和外面很盛行的「讀經教育」，所持的理念是「在孩子記憶力最好的時候盡量讓他背、背、背」，但我發現女兒對「不求甚解」有點不安，就問她：「要不要媽媽解釋給妳聽？」於是我把學校唸過的《論語》解釋幾條給她聽，她聽了好像豁然開朗，而且自然而然就背起來了。女兒的記憶力不是很好，對善於圖像與空間理解的她來說，可能只有讓她懂了意思，她才記得起來。

後來我又拿了幾首唐詩如〈江雪〉、〈鹿柴〉和女兒討論，我把詩中描繪的意境圖像化和空間化，女兒聽了說，她好像看到一幅畫，一下子就把詩記起來了。有一天女兒在陪我晾衣服，我心血來潮，唸了自己還記得的李白〈月下獨酌〉給她聽，一邊唸，一邊把李白獨飲酒醉跳舞的情形演給她看。結果「奇蹟」出現了，才唸個兩三次，她居然把這首有點長的詩記起來了，她也因此比以前更愛唐詩。

這幾次的經驗讓我了解，雖然小孩可能真的比較會背書，但是「討論」之後才會「理解」，「理解」後對她才有「意義」，而有意義的東西才會留下來。雖然為孩子解釋很花時間，一次解釋不了多少，但是懂多少算多少，而且媽媽順便把小時候讀的東西複習一下，也是很大的收穫呢！聽說外面兒童讀經班設計的課程包含中外經典，中國的四書五經要背、外國的經典也要背，譬如麥克阿瑟的祈禱文、莎士比亞的十四行詩……我聽了，覺得孩子好像被當成「影印機」或「錄音機」了，有點感嘆！——Irene Lu

經典教育絕不是壞事，而讀經指的當然不只是詩歌古文。我遺憾的是，我們許多的教育總停留在父母觀念中比較有「閒」的小小孩，那麼大孩子呢？那些最該讀這些經典的青少年或大學生，都沒有人在帶領他們。經典要給的是思想與信念，期待的是在變動中大家不致精神破產；書寫的意圖本不在知識教育，而在行動實踐（當然也有美學的教化），但我看到很多父母之所以贊成讀經，是因為這會使孩子記憶力變好，甚至連數學都能變強；終究，我們還是只看到這些訓練能為未來加幾分。

要從多小開始讀起，只要父母想帶、只要孩子願意都很好，但孩子的路很長，我們要做的事很多，父母要能安然看待許多事，不要只顧拿自己的孩子跟別人比較，而弄得親子身心俱疲。大家一定要穩下心來、動手做，但不要操之過急，更重要的是，沒有什麼是來不及的。讀書不是為了跟別人較量，而是為了使自己豐潤華美，我們要帶領孩子去領略的，不過是這樣的快樂與自得。

在我的情況中，總是變動的環境在決定孩子受教育的條件，所以對於選擇學校，其實我的經驗是非常不足的，我唯一能為孩子做的事，就是鼓勵她們在自己的條件中發揮或爭取那個可能的最好。一個過程到底辛不辛苦，要由孩子自己來決定，即使是蘇東坡在詩中所說：「但願吾兒愚且魯，無災無難到公卿。」也不過是玩笑的反諷，我相信每個父母都希望孩子用真正的努力換取成功的果實。

當我現在回頭看Abby跟Pony的時候，我並不覺得那些美麗的成績有任何意義，但是仔細回想這些年來，在她們用著非常正確而且努力的態度來換取這些成果的過程中，的確有許多工作習慣與品格被養成了。如果一個孩子在十分艱難的條件下仍有奮鬥的毅力，父母的價值觀會是重要的影響，所以，不管在什麼環境，都應鼓勵孩子拋開自己和別人的比較，只用一個更遠、更大的目標來吸引自己努力向前。

我用一段在孩子年幼時所記下的筆記與妳共勉，很抱歉我無法提出任何具體的建議，但是以一個過來人的體驗分享這段話，相信妳會了解我心中的想法：「如何起步很重要，但更重要的是怎麼抵達終點。在爭取成功的競賽中，速度不如耐力重要，堅持不懈的人比短跑選手經久。我們培養的總是兔子多而烏龜少。」——

Bubu的回應

孩子的眼淚

孩子流淚的時候，做母親的總難免心痛，
但孩子的眼淚讓我想得更多的不是「憐惜」，而是「了解」。

我時常在生活裡靜靜地看著變化中的孩子，思索自己到底能幫什麼忙。

這個星期，Abby正在準備申請參加今年的美國太空科學營。中學部有三十個名額，她很想參加，因此卯足精神、全力以赴。我抽空看她填完的表格，其中一個問題讓我很感興趣——「請列出五個字來形容妳自己」。Abby為自己所做的評價是——「努力、認真、誠實、持續、負責」。看著那重如金石的五個英文字，我忍不住靠過去捏捏她的臉頰說：「妳很了解自己嘛！」她閃閃眼睛帶著笑，信心十足地回答：「我知道。」

以一個十二歲孩子的標準來說，這五個評價並無過譽，我心裡漲得滿滿的，低下頭對她說：「媽媽好喜歡『誠實』這個字，很適合妳。」她天真地回答我：「William也這麼說，還有很多人都這麼說我。」然後又告訴了我一些比較具體的誠實行為。

我摸摸她的頭告訴她，不只是這些，我也在生活中感受到，她真是一個非常誠實的孩子——不掩飾自己的情感和過錯，是我最欣賞的部分。她顯然很高興，所以調皮地回答：「對！所以如果哪裡痛我就會唉唉叫，因為我很誠實。」玩笑中，她突然掩臉擔心地說：「媽媽，怎麼辦？我打電話去問科學營的事，接電話的老師一聽到我是Abby，都知道是Mrs.Krammer班上的學生，他們都認識我，所以都會知道我前天在學校哭的事，怎麼辦？怎麼辦？」她又掩臉誇張地敘述。我安慰她：「老師不會笑妳的，他們只會說，Abby是個好孩子，她做錯事，心裡很難過，所以傷心的哭了。」

這是前天發生的事，Abby忘了把做好的數學功課帶到學校去，按規定，她必須利用午餐時間到一個特別教室去補做功課。這對Abby來說是從來沒有的經驗，她一直很用心在處理自己的事，就像她自己說的——「認真」，但一個疏失卻讓她必須接受處罰，這當然很尷尬也很難過，回家的時候，眼睛已經哭得紅腫而像兩顆杏桃了。

孩子很少耽溺於情緒，眼睛還沒有消腫之前，已經在點心桌上侃侃談著當時自己的窘態。我一點都不意外有這樣的處罰事件，因為從她們入學，校方便一直強調，學生要在工作中學習良好的組織力，這些罰則是為沒有完全擔負起責任的孩子而立，我覺得很好、也很公平。有疏失時要勇敢面對自己的錯誤，這是重要的學習，不應該因為平常表現得很好，就為她找理由來避過處罰；而受處罰的人流下難過的眼淚，也是自然的情感流露。

我告訴Abby，流露真情並不可恥，有的人很堅忍，可以強忍住自己的難過，但如果她不能，那就哭一場，哭完了，再想想下次該如何才能不重蹈覆轍。

孩子流淚的時候，做母親的總難免心痛，但孩子的眼淚讓我想得更多的不是「憐惜」，而是「了解」。

我但願能在孩子哭泣時，不只陪在她們身邊，還希望能在她抹乾眼淚之後，引導她重新看見——挫折無損於價值、黑暗無損於光明的希望。

我但願能在孩子哭泣時，不只陪在她們身邊，
還希望能引導她們重新看見——挫折無損於價值、黑暗無損於光明的希望。

讓生命穩穩流動

衝突會存在多久？會不會繼續發酵？某種程度上，我們的確有左右結果的能力。
我們的生活感覺特別平順的理由，並非是過程沒有顛簸，
而是對於可以解決的事努力管理自己，不讓誇大負面的情緒淹沒溫和美好的可能。

這星期工作多，所以把星期五該交給中時的「親子語言學」專欄文章提前寄出。在篇尾寫下「我想，孩子不是在某個年齡突然不跟父母說話的，而是慢慢疏離時未曾被察覺。」的時候，我又想起自己常常提醒年輕父母的一句老話——**每一個問題都曾經大到看得見；也都曾經小到可以解決。**

這「看見」與「動手」之間，也許就是大家常說的「黃金時間」。

不斷有朋友問我：「為什麼妳的孩子成長得這麼順利？」難道妳沒有遇到過「青春叛逆」？

書與部落格的文章讀起來只有愛沒有衝突？這是真的嗎？

——這是真的嗎？

對我的感受來說，這都是真的。因為我是一個喜歡溫和氣氛的人，絕對不會自己

去找衝突。而我也是一個直腸子，任何讓我感到有一絲絲憂慮的問題，無論是心裡的負擔或生活的實際問題，絕不能放隔夜而不處理。也許是因為這樣的生活態度，我的確少有戲劇性的掙扎可以跟大家分享。

小時候常聽母親說：「挑人心會活，勸人心會死。」這句話雖然是用來形容聽人傾訴苦惱時應該有的正確態度，但是在看待自己的生活困難時，我也漸漸從中學得一種功課：我不應該挑動自己愛抱怨的心。

我以前也曾試著對母親訴苦，但每次講著、講著，總是越講越氣弱，覺得講不下去了。因為母親實在太明理，堅強又積極，她一下子就能指出生活中其他桃花盛開的風景，以及我自己可能有的偏頗之處，讓我羞愧得無處可躲。所以，我漸漸在這種引導與身教下，失去了訴苦的能力。也因此，有人曾批評我的分享太過美好，或許不夠真實。

衝突會存在多久？會不會繼續發酵？我相信在某種程度上，我們的確有左右結果的能力。從以下這個小故事，也許可以說明一向以來，我們的生活感覺特別平順的理由，並不是在於過程沒有顛簸，而是對於可以解決的事努力管理自己，不讓誇大負面的情緒淹沒溫和美好的可能。

幾週前，Pony去洗牙，回來後她很生氣，跟我說牙醫沒有好好幫她洗乾淨，當她折回去跟醫生反應的時候，醫生卻說：「那是裡面，又沒有人看得到。」這下她更忿忿不平了，給了醫生一個「不敬業」的評語，還告訴我，她一定會寫信給醫生。

緊接著我們出門兩個星期，回來又到處跑，我已忘了這件事，但Pony顯然沒忘。

昨天下午，為了智齒，她又去了同一家牙醫診所找口腔外科的另一位醫生。她回來的時候，Eric跟我說，Pony當場寫了一張紙條要給幫她洗牙的那位醫生，因為醫生正忙著看病，所以她請護士轉交。

我問她寫了什麼，她告訴我信中的內容——

親愛的醫生：

你知道健保局為什麼每六個月才支付我們一次洗牙的費用嗎？因為如果徹底清理，牙垢不會很快地長出，對這段時間的清潔維護是足夠的。

因為你沒有幫我清理乾淨，所以我的牙斑在這個月中又漫生了。

我覺得這已經不只是牙齒清潔的問題了，很明顯的，你並沒有以你的工作為榮。當這種態度影響到別人應有的利益時，我覺得是不可原諒的。

任何人有這種工作態度，都會讓人感到非常失望。

書旂

我不知道醫生看完紙條後心裡怎麼想，但故事如果寫到這裡，轉而大力探討工作道德的問題，內容看起來就會精彩許多；想必也有很多類似的經驗討論會傾洩而出，或有人主張該大力撻伐，然後我們的焦點就會逐漸模糊在失望與激烈的謾罵中。

但這個故事真正的發展是：

今天早上，Eric接到一通要找「翁書旂」的電話。醫生親自打電話來跟她說，很抱歉，因為那天病人很多，沒能好好跟她解釋這個狀況。他問Pony什麼時候再回去讓他好好清理一次。

我問Pony怎麼回答醫生，她說：「我也告訴醫生，信寫得很強烈，很抱歉。」當我們一家人談起這件事時，得到一個結論：「這個醫生願意面對他的問題，真的很不錯！」

故事就這樣落幕了。是很平凡，但我不能為了讓故事好聽，而改變任何真正的過程與結局。

這也是我在分享自己的故事時，常常想到的真實問題。如果因此而不夠精彩，請大家原諒，因為，讓生命穩穩流動也是我的功課之一。

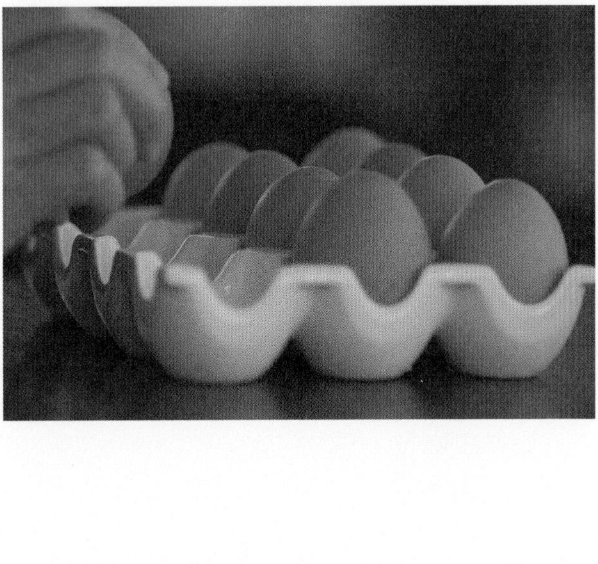

因為是母親，我總覺得自己處事態度要穩定，面對問題時，父母的想法傳承了真正的價值觀。就像在廚房中打一顆蛋一樣，練習穩穩地開合，是我想學習的生活功課。

孩子

孩子有一種與生俱來的熱忱和使人愉悅的本質，
他們雖然在行為上應該常常被規範、教導（太自由任性，往往影響了別人而不自覺），
但善良的本性是應該被保護、鼓勵的。

我們在曼谷的第三個家，位於一棟名叫Somkid Gardens大樓的十九樓，大樓裡有四個小朋友在ISB（International School Bangkok：曼谷國際學校）上學。六年級的Kai，母親是泰國人、父親是美國人；三年級的Sara是從溫哥華來的日本人；她們各有一個同級不同班的伙伴是Abby和Pony。四個小朋友因為同住一棟大樓而變得十分親密，假日的下午，如果從家裡書房的落地玻璃窗往下望，會看到Kai和Abby在較量球技；Sara和Pony則滿場飛舞、夾在其中攪局玩鬧，直到兩個大孩子再也受不了趕她們出場為止。

Sara的媽媽水野太太非常和善，經常邀集孩子們到她家去。有一次她和我聊天時，用一種非常激動熱情的聲音和神情對我說：「我真愛看她們四個坐在一起玩遊戲的樣子。和孩子們在一起的感覺真好，是不是？」我想起我的讀書筆記裡有一段關於孩子的話——

你知道做個孩子是怎麼回事嗎？那和今日的大人十分的不同。那是個仍然純淨如清泉的心靈；是相信愛、相信美好品質和相信信仰的心靈。

孩子有一種與生俱來的熱忱和使人愉悅的本質，他們雖然在行為上應該常常被規範、教導（太自由任性，往往影響了別人而不自覺），但善良的本性是應該被保護、鼓勵的。

從小在西方世界成長的Sara，雖然被水野太太宣稱為「完全不懂得日本的傳統之美」，但第一次受邀來我們家用餐時，我就推翻了這個說法而對Sara刮目相看。

那天飯後，Sara把餐具放上餐盤，輕輕一推，坐正身體向我微傾鞠躬，用日語恭敬地說：「謝謝豐盛的餐食，我吃飽了。」那一刻，我覺得非常感動。是不是因為孩子特別真誠，所以「儀式」在他們的身上顯得格外美麗？

除了善良之外，孩子也是特別慷慨、熱情的。我們家的小朋友雖然害羞但非常熱情，她們愛每一個來家裡的客人，愛的方式則是把她們認為很好的東西與客共享。

有一天我回家時，鋼琴老師Eric先我進門，孩子們正在張羅老師的飲料。她們翻箱倒篋、挖空心思，想給喜歡中國食物的美國老師一點特別的驚喜，努力之下，果然泡出一杯看起來很不錯、深咖啡色的熱飲。

真是難忘那一刻女兒臉上的表情，Abby一臉笑意，眼睛閃著興奮的光芒告訴我：「媽媽，Eric好喜歡我們給他的茶呢！他說，雖然不大好喝，但是他相信對健康一定很有幫助。」我微微擔心地反問她：「妳泡了什麼給老師喝？」「中將湯，我們在櫃

時間一轉瞬就過完了，跟孩子在一起真好！父母應該給孩子全神的關注。

子裡找到的。」我強忍著笑再問她：「妳知道那是什麼嗎？妳是怎麼跟Eric說的？」「我告訴他，那是中國的藥草茶呀！」她一臉天真地回答我。「太好了！」我匆匆丟下這句結論，趕緊別過頭走回房裡，一面笑一面希望Eric永遠不要知道自己到底喝了些什麼。等孩子上完課，我來揭曉這杯「藥草茶」的身世，她們一定會驚叫。

在Somkid Gardens這一年，每個星期五的晚餐，四個孩子們會輪流在不同的家共度週末，晚餐之後，她們可以玩到九點，然後道晚安各自回家。幾個鐘頭裡，每個家永遠充滿笑聲和談話聲，我常常靜靜看著她們，總會想起水野太太的話：「和孩子們在一起，真好！也真好玩！」

【補記】

很多人曾經問我：「Bubu姐，妳為什麼不多分享一些Abby、Pony還是小小孩的時候，妳給她們的生活照顧呢？」不是不分享，而是當生活不斷往前流動時，生活中所謂的照顧方法慢慢地成為一個家庭的儀式或精神，對我來說並沒有明顯的今昔之分。

回頭看這篇文章的時候，我也在自己的餐廳中看到了許多教養的場景，這才發現，當年我們照顧孩子的時候，的確有許多與現在父母不同的想法與方法，或許我可以在篇末補上，以為參考。

從文章中，大家可以看到，我們幾家的孩子雖是輪流在不同的家庭作客，但聚會的「主角」卻是孩子；不管是餐食的準備或當晚聚會的重點，我們最想關注的是「孩子」。

我看到現在有很多父母會邀集家庭朋友一起外出用餐，一團忙亂的杯盤狼藉之後，父母常常任著孩子到處亂跑，自己卻談得開心。因為在餐廳，收整的工作總有人善後，父母們似乎就更加不約束孩子們應有的規矩與禮儀。這種教育的損失在我看來是很不值得的。

不管是Abby、Pony小的時候，或這兩年我去幼稚園舉辦實作活動，凡是以孩子為名義而舉辦的聚會，我都希望校方與父母要完全以「孩子」為重，不要光顧著自己的歡聚應酬。

如果我們真的疼愛孩子，當然願意為他們多做一些事、多付出時間與關心；最重要的是，我們一定可以從這些關懷中領會為人父母的快樂！

父母可以在家做一些適合的食物，輪流當主人款待孩子，並不一定要把大人與孩子的聚會都安排在同一個時間進行。這樣，其他的父母也可以利用時間安排自己的活動，讓大人與孩子的生活都更有品質。

小鬥士

真正的陽光性格，並不是整天嘻嘻哈哈、訴說生命應當無憂無慮。
而是在冬日裡，你一想起他們，就會記起什麼叫溫度；
在自己的曲徑幽谷中，你一想起他們，就會對自己輕易而來的沮喪感到汗顏。

第一次與Cherry見面，是二〇〇七年的四月。那天，我一早就去高雄聽洪蘭老師的演講，因為隔一天我們就要在台北對談，而我卻沒見過洪蘭老師。

聽完演講後，我轉去高雄長庚醫院探望一歲多，因感染而住院的小Cherry。她正在吃一個就要挖空的蘋果，雖說是住院，但是看起來非常活潑可愛。

Cherry是一對雙胞胎中的妹妹，姐姐Apple從出生就很健康，晚了幾分鐘出生的Cherry卻從幾個月大開始，就常常以醫院為家。

小Cherry雖然穿著連身小丑褲，但是站起來的時候，你還是會看到她比一般孩子更為隆起的大肚肚。她的身上有從父親身上移植而來的部分肝臟，小小身軀要容納成人的器官，比例當然是不相襯的。當我摸到她那圓鼓鼓的小肚子時，除了心疼，更對這位生命新手承受得起這樣的身體之苦，感到由衷的敬佩。

Cherry的外婆是我們幾十年的老員工，我一定是非常非常幸運，才能得到這樣的一位工作伙伴。要寫春桃，我得空出好幾個欄位，並且充滿敬意地下筆；這次只談Cherry。

十個月就做了肝臟移植手術的Cherry，聽說肚子上有一個賓士車商標的刀痕印

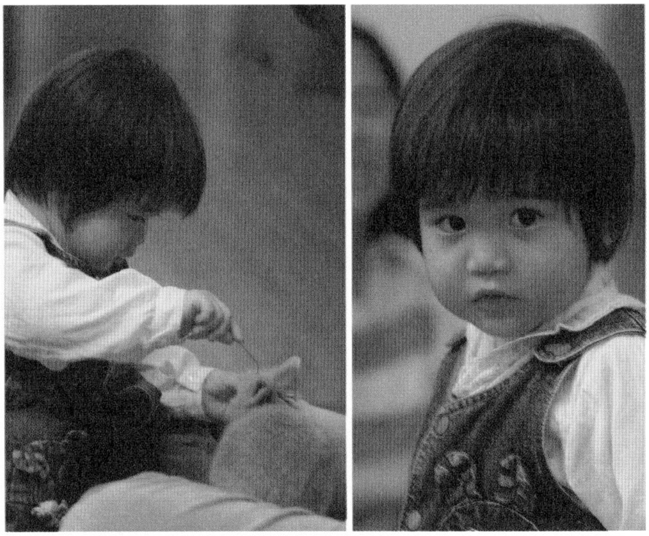

照片中的小鬥士Cherry，已經兩歲兩個月大了。
在這篇文章之後與書的出版之間，Cherry常因傷口感染而住院，
受了許多身體之痛，但是，她總是很有精神。
她讓我懂得，生命是寶貴的，特別是有愛的支持。

記。嬰兒的身體面積很小，必須做這樣的開口才能完成複雜危險的手術。這幾年來，春桃的家庭歷經了許多、許多事，但是跟她在一起的時候，你完全感覺不到生命幽谷中的艱難。即使擔子的確重到讓她的眉頭不禁深鎖，可是當我問起任何事，她也總是笑著說：「Bubu，可以啦！沒問題。」

聖誕節前，Cherry已經因為再度感染又住進醫院。春桃卻一直到我們做完最後一天的紀念盒餐才讓我知道。我無論如何趕不走她，她堅持要幫我把最後幾天的整理工作完成，才去照顧Cherry。

「公羽家」在台南結束後，我緊接著忙自己手中的事，兩個星期後，才有機會跟店裡的員工一起吃個飯。那時Cherry已經出院，所以我們請春桃帶小朋友一起來。

晚餐後，大家都說要去看家裡的兔子Bitbit，我們一夥人就一起散步回家。Eric抱著Cherry走在前面，我跟春桃在後面閒聊。因為自己也有過手術的經驗，所以想起這麼小的孩子，到底要如何承受大手術麻醉之後的痛苦。春桃說，難免要五花大綁的。那個手術日剛好是父親節，當大家都在餐宴慶祝的時候，Cherry跟她的爸爸卻在手術檯上為生命而掙扎。

她說的時候，語氣中沒有一絲絲對生命際遇的怨言，只提在生養之後，為人父母應盡的責任。那永遠微微蹙著的眉頭上，笑容總會從最上一層的表情開展，覆蓋住所有的磨難。

認識這種鬥士，我才了解所謂真正的陽光性格，並不是整天嘻嘻哈哈、訴說生命應當無憂無慮。而是在冬日裡，你一想起他們，就會記起什麼叫溫度；在自己的曲徑幽谷中，你一想起他們，就會對自己輕易而來的沮喪感到汗顏。

我看著走在我身邊這個不可思議的女性，看著抱在Eric手上那個可愛的小鬥士，想起生活中總有好榜樣。無論他幾歲，熱情走向生命的人總是發出光亮。

跑吧！星期一

我相信歡喜工作是一種最好的身教，
讓我們以盡力工作的身影，來作為孩子喜歡學校生活的活典範。

在某些時候，我跟時間完全像個「親密仇敵」（the best enemy），為了不讓它宰制我，我總是盡最大的努力，來完成並喜歡時間中應該做完的工作。所以，我非常、非常喜歡工作日。

有些朋友告訴我，他們每到休假日就完全無法掌控生活節奏，通常是睡到中午，全家起來吃個早午餐；如果不出去走走，就再回籠睡一覺，睡到黃昏日落起床時，已經全身軟綿綿、頭重腳輕。

我覺得非常不可思議，在我的邏輯裡，因為工作日全力以赴於該完成的事，所以休假日正好可以用來做自己喜歡的其他事。對我來說，不一定是讓肢體或腦力無所事事才叫停頓，「轉換」也是一種非常好的休憩與再出發。

為了健康，我們總說身體需要休息，那心靈得到加油的感覺又要從何而來呢？停步安歇當然是一種方式，但積極主動地喜歡我們的工作、喜歡自己生而為社會的一份子就應該工作的感覺，往往更能提升精神的愉快。

有時候我會想，當父母的如果不喜歡工作日，那就像

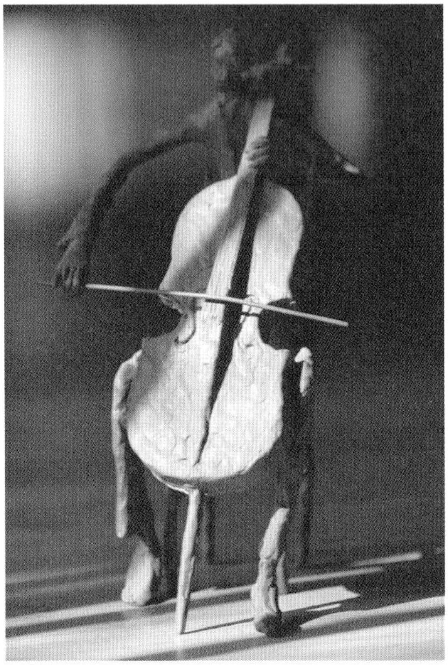

孩子只喜歡寒暑假卻不喜歡學期中是一模一樣的心情。如果我們自己總是抱怨或厭倦工作日，要如何跟孩子分享人應該踏實生活的觀念呢？我相信歡喜工作是一種最好的身教，讓我們以盡力工作的身影，來作為孩子喜歡學校生活的活典範。

這個週末，我的工作排得緊密，一轉眼已過完兩天，時間又馬不停蹄地趕到星期一了。

太陽一早升起時，周圍不再像昨天清晨那麼安靜，隱隱可以感覺到這個世界就要起床工作，只是大家還在翻身賴床，並未完全清醒。

突然想起一段很可愛的話，可以用來玩笑一下有Monday Blue的人——

每天早上，一隻非洲瞪羚醒來，便知道自己必須跑得比最快的獅子快，不然就一定送命。每天早上，一隻獅子醒來，便知道自己必須跑得比最慢的瞪羚快，否則就會餓死。不論你是獅子或是瞪羚，太陽一出來，你最好就飛奔！

星期一！美好的工作日，趕快跑吧！獅子就在後面；快跑！瞪羚就在前面。

接受

生活中也有許許多多的好事發生，我不能只記得不順利的強度；不管是好的、壞的，都要接受、都要記得——用不同的心情記住。

我對生活中打亂計畫、臨時出現的許多事之所以都能接受，相信是學習而來的。這次台南的實作導讀，因為報名的處理出了錯誤，所以我跟四位後甲國中的老師商量，請她們提前兩天來。我在星期日的晚上特別為她們安排一場，好讓重複的名單能順利疏散。

照例又是衝鋒陷陣過了一天，我在客人到達前十分鐘才進門。這些朋友人很好，我們的晚餐雖然簡單，氣氛卻很溫馨。就在談話正熱切的時候，家裡的電話響了，榆嫺在電話中說：「Bubu姐，剛剛不知道為什麼，櫃台的水槽下突然灌出一堆水，現在一樓淹水了，妳可以過來看看嗎？」我解下圍裙、丟下客人，以快跑衝到店裡。經過中庭時，看到幾位老鄰居，我邊跑邊點頭打招呼，猜想那些鄰居們一定納悶著：「這位太太整天都匆匆忙忙的，這下又怎麼了？」

進店裡時，所有的員工都在樓下拿著拖把和大毛巾，處理那片淹漫在木頭地板上的水。她們已經很警覺地把電腦主機都墊高了，我趴進水槽下的櫃身去檢查逆滲透的各入出水口和自來水的進排水管。每一處看起來都好好的，水雖然一時止住了，卻不知道真正淹水的問題出在哪裡。想到家裡還丟著一群客人，我趕緊聯絡水電先生過來一趟，然後交代辛苦的工作伙伴等一下再下班，又急急跑回家。

回到餐桌上，我的思緒還有些浮動，很想跟在座的朋友分享自己剛才在那片忙亂中的一些感觸。

每次，在生活中突遇「不可測」的事情發生在「最不想要」的眼前時，我就跟自己說，不要花任何精神去問：「為什麼是我？」或「為什麼是這個時候？」我學著先接受所有的結果，然後盡力解決已經發生的問題。我之所以能這樣想，是因為生活中也有許許多多的好事發生，我不能只記得不順利的強度；不管是好的、壞的，都要接受、都要記得——用不同的心情記住。

想想二十年來經營餐廳，像這樣的事從來沒少過。有好幾次，我人才飛回台灣，排定的事一件都還沒開始做，就有狀況發生了。員工被狗咬、出車禍、回家休假未歸、家人急病、工作急忙中嚴重燙傷……，我唯一能做的，就是放下預計進行的事，進廚房頂替人力，讓這個餐廳的劇場可以天天啟幕。

那些頂替，最長曾達四十天，我不只要當廚娘，還得利用空班的時間接來送去，跑醫院、送食物、探望，做任何我所能做的事。

在回想這些事的時候，我很容易哭，但不是因為感覺委屈或不愉快；應該說是慶幸在咬緊牙根面對那麼多突發問題時，自己並沒有哭。

我希望自己看待生活的心情，能越來越像一個合情合理的人——不只能為發生在我身上幸運的事而喜悅，也不忘記那些不順利所帶來的歷練與成長。

我希望自己看待生活的心情，能越來越像一個合情合理的人——
不只能為發生在我身上幸運的事而喜悅，也不忘記那些不順利所帶來的歷練與功課。

怕

這幾乎是永遠、永遠不曾被自己推翻的經驗——
心裡感到任何一絲害怕的時候就動手；
一旦動手了，憂慮害怕的感覺，自然會被驅散。

朋友們看到這幾十年來我到處跑、工作生活兩頭忙的腳步，總覺得我是一個什麼都不怕的人。但是，在做任何事之前，我其實是樣樣都怕過的。

一個月前，北部的新家已分三階段完成裝修。要不要搬家，除了決定於手邊的工作能不能告一個段落之外，我還要克服自己心裡那份「怕」的感覺：怕要割捨對舊生活的熟悉與眷戀，怕面對新生活總有的不適。

上星期一，我們帶Pony去三峽，抵達的時候已過中午。約好來調整淋浴拉門的師傅回去後，天差不多黑了。我們坐在落地推窗前，看著這個將要搬進來的新家，兩個多月南北奔波的心血終於有了成果。Pony稱讚我把這個家設計得很摩登；但是坐在窗台前四望的我，卻無由地感到一陣失落。

我很戀家，天黑之後，如果不是在自己的「家」，就會開始心慌意亂。但是環顧此刻，除了Abby之外，家人都在我的身邊，連Bitbit都來了。而且這個家，就是我們的下一個居所，為什麼我會有這樣的心情呢？

那晚回到哥哥嫂嫂家，我早一點上床，希望隔天能起個大早，到新家去好好工作一天。住過的每一個家，廚房都是我的工作重地，這一次也不例外，我為自己設計了一個半開放的廚房。從曼谷搬回台灣那年，還有很多餐具放在倉庫裡，這次，我規劃了五組對開的落地餐具櫃，打算好好把餐具都整理出來。這五組櫃門，我不想沿用廚具的板材，而Pony也很高興要幫我上漆，所以我訂了門板。現在，整個廚房就剩這些門片還未上漆、上玻璃。

隔天一早，我們八點就抵達新家，Eric跟Pony戴上口罩開始磨與漆；我則動手刷洗那些施工後該好好大清潔的衛浴與房間。

中午簡單吃過飯，馬上再動手，天黑時，我們已完成許多工作。我又坐在昨天感到心慌慌的窗台上，**Andrea Bocelli**的歌聲迴盪在還沒有任何傢俱的起居室。我感覺到自己對這個家的情感慢慢開始在萌芽。一向以來，我都要親手付出照顧，才能對事物產生感情；這個家，我一定要用心、用手好好照顧它。

這幾乎是永遠、永遠不曾被自己推翻的經驗——心裡感到任何一絲害怕的時候就動手；一旦動手了，憂慮害怕的感覺，自然會被驅散。

想的時候比較怕，做的時候就不怕了！當我怕生活太忙、怕責任太多，自己扛不起的時候，我會靜坐電腦前，用文字給自己一些鼓勵。反省與記錄也是我動手做的工作之一。

結

手打的結，沒有手解不開的。
我的腦中，突然從實際的繩結，想到了人與人之間因為誤會而打下的結。

——僅以此文紀念心岱姐與我的友誼

九月初，爸媽在新加坡，有位長輩因為找不到他們而打了電話找到我。我跟這位好久不見的伯伯在電話中聊了很久，他跟我談他看「媽媽書」之後的感想，也談他自己的寫作經驗（他謙稱自己漢文不夠好，創作都以日文為主）。

話題不知道為什麼轉到繩子上，曾伯伯說，直到現在，他都是用手解開所有的繩結。日據時代，全台灣只有兩團童軍是以海為主題做教育訓練，他就在其中的一團，當時，老師就教會他們如何去領略一根繩子對於生活的重要，有時甚至可以救命。所以，他解開任何繩子絕不用剪刀，一定用手慢慢解。然後，他說了一句對我而言像當頭棒喝的話——

手打的結，沒有手解不開的。

我的腦中，突然從實際的繩結，想到了人與人之間因為誤會而打下的結。

幾年前，我因為一通電話而誤會了一位經人介紹，才初要認識的朋友。電話打通時，她以為我是詐騙集團而掛掉我的電話，我當時只感覺很委屈，此後也不想再提這件事。

去年，這位朋友寫信跟我解釋當年的誤會，我們信件中往來簡短的談話很尷尬，充滿道歉的自責。所以當曾伯伯對我說起用手解開繩結的時候，我馬上想到我與這位朋友的事。我在深刻檢討之後，寫下一段給她的回信：

讀了您的信，心裡非常難過。

只因為一次的誤會、因為我對誤會的反應過度，讓我們之後的幾次談話都變得有些沉重。多麼希望當時自己不是那樣自我中心。

我想，就是那些以自我為中心的時刻，讓我們在不經意中結下了或大或小的誤會心結。但是曾伯伯說的對，我們手打的結，沒有自己解不開的。

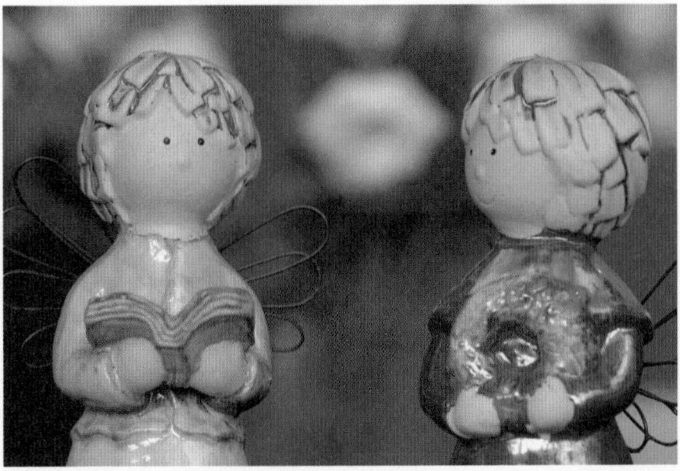

動手打開一個心結，不只使我鬆開尷尬的人際關係，
也因此有機會得到一位好朋友。

愛與管教

我很願意孩子學一件工具或新的事情時，
有足夠的自由以自己的方法來探索，
而不是要她凡事遵循固有的規則。
我的經驗是用來備詢，而不是強迫帶領。

成全生活的美好

不只是生命，環境與心境的美好也得靠許多人來成全。
只有回到每天的所做所言，我們才知道自己真正在乎的是什麼。

當我決定開Bitbit Café的時候，我就知道自己有時候一定會陷於一種兩難的處境——當教養準則與商業服務之間失去了認定平衡的那一刻。但是，我又覺得，自己非要做這件事不可。

一直以來，我所分享的教養觀念，無一不落實在生活上。我之所以討厭講台，就是因為那一刻的感動與認同，有時很難延續到真正的生活中。只有回到每天的所做所言，我們才知道自己真正在乎的是什麼！

星期六的晚上，客人都散去後，Eric花了很多時間幫我清理那張大餐桌。因為晚餐訂位的幾位小客人把燭台一一拿來玩，燭油灑滿了桌上。

這張老餐桌自從到了店裡，我每天對它都有不同的感覺。偶而走出廚房時，不同的時間、不同的光影下，如果看到有人據著一角輕聲談笑進食，或在滿桌燭光下享用晚餐時，我心中就會浮上一種感情：還好大桌子也搬來了！

另外一些時候，如果看著一桌大人自顧聊天，孩子滿地跑或在桌下鑽進爬出玩遊戲時，心中微妙複雜的感覺會驅使我轉頭出門。我寧願繞後路回大樓去上洗手間，而不用店裡的——因為，這樣就不用經過我的大餐桌。

今早整理稿子的時候，看到松野宗純先生的〈幸福〉，讀著：「人都是倚靠其他生命的幫助來維持自己的生活，因此我們應該有感謝的心，而這種心情是從小就要培養的。」

店休日在桌前寫稿，心思卻不停飛散，想著：不只是生命，環境與心境的美好也得靠許多人來成全。真的，現在的我更需要！

幸福是從「管教」開始

松野宗純

慣例的寒修托鉢是從一月六日到二月三日，大約一個月的期間。去年修行的第一天剛好遇到大冷氣團來襲，冷風加上豪雨，是北部日本也少見的壞天氣。但是對於一個修行者來說，條件的惡劣、身體的疲勞，越能感覺到達成使命的成就感。

有一天拖著疲憊的身體回到寺裡，剛好兩個孫女——萬純和千紗來信，五歲的千紗信裡寫著：「爺爺，東西很重，加油喔！」

想是她看到我每一次從橫濱的家要回山上，都提一大包笨重的行李，心裡惦記而寫出來的。小小心裡大概想著，爺爺辛苦，所以要我加油；說不出來的歡喜和安慰，一起湧上心頭。

每一次回到橫濱的家，打開玄關門都可以看到兩雙排得整整齊齊的小拖鞋。當兩個小孫女出世時，我給女兒純佳的贈言是關於孩子「管教」的四句話，其中三句是當代教育名家森信三先生說的，要孩子習慣

——好好招呼「早安」

——慎重地回答「是」

——隨時脫下來的鞋子要排整齊

和我們寺裡的教條

——用感謝的心情說「我要開動了」

人都是倚靠其他生命的幫助來維持自己的生活。因此我們應該有感謝的心，而這種心情是從小就要培養的。

「禮儀」的意思是把身體教養成美好的樣子；管教最好的時期是三歲到九歲，而最重要的方法是「持之以恆」。森信三先生說，管教不是教孩子去做，而是默默的做給孩子學。我也要求女兒不要用嘴巴來教，而用行動來教。

「管教」只是很簡單的兩個字，實際上卻是一大學問，難上加難，但總歸也是父母自己做人尺度的反映，所謂「孩子是看著大人的背影長大的」。

我十分慶幸兩個孫女都長得活潑可愛而且有紀律，雖然在嚴格的管教下成長，卻一點都沒有失去她們的純真和開朗。

每天黃昏，點起這張餐桌的燭光時，我對生活的美好總有一份最深的期待。
但願，我們以自己喜悅、珍惜生活與環境美好的身影，給孩子真正的影響。

自省之後的實作

+所謂「孩子是看著大人的背影長大的。」這句話頓時讓自己感到「汗顏」。平時不知不覺中似乎有不少不良示範，而管教孩子大多用嘴巴來教，而不是默默地做給孩子學。讀這篇〈幸福〉，真是打從心坎裡感受到書中主人翁的幸福；而從Bubu的父母教養及Bubu教養兩個女兒的過程中，我也感受到這樣的幸福，我會努力學習。——Lin

+Bubu，我幾乎讀了妳部落格的所有文章，有很多感觸、思考和收益。我不懂日語，但我覺得妳這篇文章的標題翻譯得非常好，這是我第一次看到有人將「幸福」和「管教」這兩個詞連接得如此之近。但是，這中間的漫漫長路，只有傾力為孩子付出的人才能有深刻的體會，不過，我們已經知道了一個重要的方法：「持之以恆」。——CD

+對於女兒的「拗」，我實在頗有無力感，她有時甚至無法體恤家人或朋友，而堅持著自己的想法（雖然她才三歲半）。記得曾聽一位朋友說，長輩教導過他，要判斷一個人的家教是否深耕，從他來你家作客時，看看他的鞋子是否會用雙手擺放整齊即可。這雖然有點太武斷，但我想其中的涵義，便是您所提的好習慣之一。要持之以恆，除了耐心與恆心外，還會受到許多干擾，例如其他家人不肯配合，也會導致教養的準則受到考驗，但還是得堅持下去。就像Bubu提到的，我們非常寶貴這些孩子，所以更要好好的管教他們。——Niko

也許，我們應該當更自私的父母

任何孩子都不可能只破壞別人的器物、只吵別人、只浪費別人的東西。
造成這些行為的想法，一定會以另一種問題模式，回頭來破壞父母自己的生活品質。

Pony從羅德島傳來一張水彩畫送給我，粉色畫面上的母親正滿懷欣喜地敞臂迎接奔她而來的小女孩。那畫面，不借言語切中了我在部落格扉頁寫下的第一句話：

——**只有非常幸福的人，才能在愛裡相遇。**

是啊！哪一位父母親，在迎接新生兒的當刻，不是這樣的滿懷驚喜呢？無法相信在人世中，我們可以幸運地成為一個或幾個孩子的父母親，那至喜的相迎，就像Pony贈我的畫中情意一般；我們的愛，總是全心全意、敞臂張懷的。

我本以為，因為有著這樣的愛，就自然而然會懂得，什麼是對自己最好、對孩子最好的教養方式。但在當了二十幾年的母親之後、在經歷了大環境不斷的改變之後，我才越來越肯定，當父母也是一種功課、需要不停地學習與自我磨練。

因為天生敏感，所以，我總是常常從生活中注意到出現在身邊的一些教養問題——他們**不夠自私**，這是我對新生一代父母最普遍的觀感。

比如：去地下一樓倒垃圾的時候，我常看到一位父親帶著兩個小小孩在騎單輪滑車玩。他們不只在停車場跑，更會沿著通往地下二樓的坡道衝。因為下坡的速度感很刺激，對孩子來說當然最喜歡，但無論多好玩，那危險是人人都看得到、想得到的。

那位父親顯然也不是沒有把危險這個念頭放在心上，但每次當孩子大叫著往下衝時，他也只是無奈地連名帶姓喊孩子一次，以示盡了管教之責。這讓旁觀此景的我，心上總是隨著孩子下衝的速度而襲上一陣緊張與慌亂。我衝上腦中的想法是：他應該學著當一位更自私的父親；他應該把孩子最大的安全當成最重要的工作來維護；他應該假設，只要有一位車主以稍快的速度與急速下滑的孩子迎面相對，他對孩子一時的寵愛就會變成無法預測的災難。所以，我怎麼想，總覺得他實在不夠「自私」，沒有把屬於自己真正的利益計算清楚。

又有一天，我的員工跟我說，外面有三個媽媽很悠閒地在吃飯聊天，卻放著她們的寶寶在我們的走道上爬行，她問我：「這些媽媽難道不覺得自己很自私嗎？她們讓每個經過的客人都得擔心踩到寶寶。」我笑了，搖搖頭對她說：「是不夠自私！」我接著跟那位員工解釋我的想法：因為這些媽媽完全看不到對自己不利的事，所以她們其實不夠愛自己。

沒有錯，地毯或許是很適合寶寶爬行的板材，而寶寶如果可以自由行動，媽媽們就得到短暫的輕鬆。只是她們可曾想過，當客人從各處進來用餐時，鞋子可是踩過不同的地方，不管表面看起來多乾淨，也不可能適合讓寶寶在上面爬行。爬行中的嬰兒，常常撿到什麼就吃什麼，那用來觸地的手，更動不動就往嘴裡頭塞，萬一孩子因此生病了，媽媽們回家就是好幾天的折磨，這對自己有任何的好處嗎？如果是自私一點的母親，一想到這些，根本不會拿那一點自由的時間來換孩子生病的可能。所以，我覺得她們真正的問題是不夠自私、不懂得好好愛自己。

在生活中，我也常常看到父母任由孩子在公共場所搗亂、或為商家添麻煩，這時候，總會聽到有人用「自私」來批評這些放任孩子的父母。但我會想，「自私」最基本的表現應該是「愛自己」吧！把對自己有益的事做到徹底才叫「自私」，自私應該是一種「貴己」的想法。如果以

父母親和孩子之間的愛，
總是這樣全心全意、敞臂張懷的，
願我們都珍惜這樣的至喜相迎。

此推論，讓孩子任意破壞環境的父母其實並沒有得到屬於自己的好處，所以，這不是「自私」的行為，而是一種教養的遲鈍。他們在損人當中並未獲利，甚至連這種觀察與自覺都沒有。

我相信這些父母心中是這樣想的：反正，是別人家的東西壞掉、又不是我家的；反正，只是別人被吵、又不是自己受不了；反正，只是商家要清理、又不是自己要刷洗。就讓孩子去做他們喜歡的事吧！我為什麼要費心管那麼多。

也許，如果這些父母夠自私，他們就能夠想到，任何孩子的行為都不可能停在只**破壞別人的器物**、**只吵別人**、**只浪費別人的東西**這微妙的界線上。造成這些行為的想法，一定會以另一種形式再回到生活裡，來破壞他們自己的生活品質，以另一種問題模式來困擾父母。

想想，這就是教養中遠慮與近憂的問題。父母既慮之不遠，其憂必然會出現在生活的大小面向之中。所以，我常常想勸父母，我們真的不必想到「體貼別人、關懷社會」這麼偉大的道德命題，才警覺到教育孩子的重要。就為自己吧！自私一點，為了不要給自己的明天添麻煩，孩子是一定要在生活中好好培育、規範教導的。

當母親這二十幾年，我對教養常常懷著珍惜的心情。總覺得在情感上自己雖然有足夠的愛，但真正能給身教或分享價值的機會實在寶貝，我一定要抓緊自己與孩子相聚的每一刻。

這種想法在六年前婆婆過世的病榻邊，我已體驗過一次。那是我頭一次感受到生死一線相隔、親子被迫分離的真實；丈夫與我以子女的角度接受那愛的絲線斷裂時的無依。

三年前，我又在病床前送一位好友離開這個世界。他的兩個兒子恰恰與我們家的兩個女兒同年。那天，我是以父母的角度眼見當血壓表上的數字急遽下墜的一刻，親子之間不得不被宣告結束的幸福相遇。

所以，我了解Pony畫裡張臂相迎的愛意，並不是自己在人世間可以天長地久的擁有。

畫寄來的一個多月後，有天早上我跟一位員工在工作中對話。她們五姐妹在年幼時父母車禍雙亡，我推算了一下，當時她只有六歲，對父母可有深刻的記憶？她說：「我還好，但小妹那時才三歲，真的沒有很清楚的印象。所以，她常跟我阿姨說，如果她夢到爸爸媽媽來找她，她要問他們：『你們是誰，我不認識你們。』」聽這段話的時候，我正與她小小隔了一段距離，有好一刻，我不敢回頭，怕自己止不住的淚水無法解釋。

我希望小妹的話讓我永遠不要忘記，能在人世中緊緊擁抱孩子的幸福有多真實寶貴。我希望自己很自私很自私地珍惜這樣的相迎；很自私很自私地把孩子的幸福與我的愛，用生活緊緊地牽繫在一起。

語言是一種過時的教養嗎？

環顧現今的台灣，語言教育似乎總被狹隘地定義成「外語教育」，但對整個社會談吐品質的日趨惡劣，似乎並沒有引起太大的擔心。曾幾何時，語言上的恭謹與精確，已被當成一種過時的教養。

多年前，曾去探望一位朋友，應門的是朋友家六年級的二女兒，她為我開門時，我探看內屋，順口問了一句：「姐姐呢？」小主人俏皮地仰起美麗的臉蛋，笑眼盈盈地回答我：「死了！」我雖非食古不化，卻也一時迎戰不了這種新新語言，腦中找不到一句合適的話，用以回應眼前這個孩子自覺幽默的話語。這是多年來我頭一次感覺到，即使是父母都重視教養的家庭，孩子的語言習慣也受到大環境極大的影響與拉扯。

又過了幾年，當我們再度回到台灣時，這種語言的震撼更加緊密地發生在日常生活中。Abby在第一天上學回來的晚餐桌上，苦笑著對我們描述她的驚訝。她說，當她回頭對坐在後排的同學微笑時，她的同學面無表情地問道：「妳不覺得自己這樣沒事亂笑很白癡嗎？」其後，孩子們也漸漸接受了「豬頭」、「笨啦」這一類的話，她們開始懂得，在此地，這是不能被認真地視為一種語言的侮辱，因為連師長們也很習慣使用這一類的詞句。說的人不僅沒有惡意，甚至在某一種更粗糙的語氣與用辭裡，還夾帶著一種推心置腹的宣告：「我沒把你當外人，所以我們不需要客套虛偽。」

曾幾何時，語言上的恭謹與精確，在我們的社會中已被當成一種過時的教養，連語言素養應該最嚴謹的新聞報導，也用著一種前所未有的語法、情緒與大量的贅詞，豪華地包裝著單薄貧乏的內容。看完一節新聞，總讓人不禁興起一種疑問：「那位女主播到底在激動什麼？」或是：「我們可不可以說得少一點但說得好一點？」

環顧現今的台灣，語言教育似乎總是被狹隘地定義成「外語教育」，提起全民英檢，大家就會想起我們的語言教育，但是對於整個社會談吐品質的日趨惡劣，似乎並沒有引起太大的擔心。我想誰都無法否認語言教育是智育教育的成果，因此只追求外語能力的增進，而忽略母語素質的提升，無疑是非常捨本逐末的教育方針。

有許多父母認為，語言教育只有專業的老師才能擔綱負責，因此他們願意花很多的時間及金錢，來回奔馳地送孩子到這裡那裡去補習，在長時間的忙碌裡，卻忽略了最好的語言習慣，是從家庭開始萌芽的。試想一個孩子自學步起便學語，當父母嬌愛呵護地指這指那，開始教他辨物識人的那一刻起，語言習慣的雛型已在小小的腦中開始建構發展。如果我們同意「學貴慎乎始」這樣的說法，那麼我們就一定會承認，家庭所能給予孩子的語言教育，成效最廣、時間也最長；終究說來，父母才是那個真正的語言啟蒙師。

我一直都喜歡親近孩子，跟孩子們說話的時候，我並不特別選用童言童語，也不投其所好地運用他們所謂的流行語句，來拉近彼此的距離。不管與我交談的孩子年紀幾歲，我總是像尊重一個朋友那樣尊重著他們，並且確定自己在跟他們說話時有口有心、專注關心著我想談論的主題或想法。每次當我這樣做的時候，我就發現，孩子也會以我投遞給他們的語言方式來回應我，即使是一個前一秒還在胡言亂語跟父母耍賴的孩子，也會轉換過他的說話腔調與態度，我因此完全感受到，語言的確是一種「互動行為」。

我也曾看過很多大人們喜歡用言語逗弄孩子，他們看起來非常親愛，但孩子們卻往往在這種交談方式下，故意答非所問地耍起寶來，弄到後來一場談話不得不嘻鬧著結束。在我的孩子小的時候，我每遇這種成人，便冒著得罪朋友之險立刻給予制止。我這樣做不只是為了自己的孩子，也在提醒每一個大人——我們都有責任為孩子們樹立一種良好的語言榜樣。

家庭在語言教育上所能產生的影響力，除了語言習慣之外，更珍貴的是建立言談內涵的廣度與深度。一年有三百六十五天，一個家庭如果能在晚餐桌上跟孩子們以好的內容、精確優質的語言進行交談，對社會是一種很大的貢獻；而且在這種家庭長大的孩子，即使日後到了一個語言素質比較差的環境，也已經有能力去區別好壞，以及穩固地使用自己的語言軌道來進行溝通了。

前幾天，我看到申請大學的女兒，正在寫一篇芝加哥大學指定的散文，題目很長也很有趣：

人們總認為語言是一個橋樑，能夠使他們團結並藉以達成經驗、感受與思想的分享。雖然如此，我們更感興趣的是語言如何使人不同。從你自己使用語言的特點來談，比如說你用來與自己交談時的那種聲音，你被驚嚇時所使用的字眼，或是你那些沒有人會用、甚至沒有人了解的特殊詞句或肢體語言。告訴我們你的語言如何使你與眾不同；在回答時，你也可以檢視自己的語言韻律、節奏、口頭禪或其他特質。

我帶一位七歲的小一生學做菜。
在帶領與教學中，語言永遠是我非常重要的工具，
它使溝通的管道順暢美好。

一時之間，我的思考跌落在這個題目，以及多年來對台灣語言素養深深的困惑之間。

我想起我們整個社會對知識教育的熱心舉世聞名，期待與世界接軌的企圖心也從未被遺忘，但是在這些堂皇可佩的目標下，社會以及教育界又到底供給一代代莘莘學子什麼品質的語言教育呢？如果芝加哥大學所出的這道題目，也讓我們全國的高三生一起來做，對自己的語言做一番剖析與檢視，不知道孩子們會不會責怪社會的長者，其實並沒有對他們的語言教養付出真正的關懷？而學校與家庭，又是不是都已盡到供應良好語言營養的責任了？

如果我們能好好說話

語言無心的粗糙容易讓人感到不開心，溫柔善良的言語是生活中的芬芳劑。
我們明明有許多字眼，正面比反面來得貼切，但生活中卻漸漸失落這樣的用心。

月底我準備幫樓面工作人員更換制服，因為舊的制服布料太厚，夏天工作量大的時候，活動起來頗為辛苦。當我跟慶中店的工作人員提起這件事，她們驚慌地對我說：「不可以，不可以！」我驚訝地反問她們為什麼？「因為有客人說我們現在穿這樣很難看，她以後不來吃飯了，所以我們告訴她，凱旋店沒有換，現在妳又說要換，那我們好像在說謊。」我聽了不由笑了起來，記得另一次慶中店的客人才說：「你們是慈濟功德會的人嗎？幹嘛穿成全身黑黑的，難看死了。」又有一次，店裡的客人寄了話要給我：「你們老闆非得聽這樣的音樂不可嗎？」

制服事件後的那晚，我與母親通電話閒聊了一下，我提起白天的事，母親在電話的另一頭無奈地低嘆了一聲：「現在的人說話真是不懂禮貌，就算自己很不喜歡吧，也不必用這麼直接的話說出來。」我笑著想起Abby和Pony回到台灣這一年，她們最不適應的，似乎也是周遭人們的用語和態度。

記得Pony曾經和她的好友佳穎參加學校舉辦的一場

音樂會，佳穎吹長笛，Pony和另一個男生拉小提琴。表演前一天，老師交代大家要穿整齊一點，所以佳穎當天穿了一套兩件式的衣裙，裙長及膝；Pony穿了一件白色的上衣配一件直統背心裙。集合之後，聽說帶領的老師一見她們就大叫：「謝佳穎，妳看看妳，穿得像個小老太婆似的；那翁書旂（Pony）妳呢？又穿得那麼幼稚……」據說在場個個都被數落一頓，無一倖免。Pony帶著無奈的笑容對我說：「老師好像在我們身上看不到一點好處。」當時我對她有一些些心疼，想著她從小在語言溫柔的環境長大，一時要適應這麼直來直往的唇槍舌劍，是有點困難吧！但隨即又想，既是自己家鄉的語言習慣，不適應也不行，總不能常常懷著抱怨、自增困擾，所以我對她說：「大家沒有惡意。」她的回答也很妙：「那麼，是壞習慣嗎？」也許她想說的是，如果是習慣，習慣可以改。

語言無心的粗糙容易讓人感到不開心，溫柔善良的言語是生活中的芬芳劑。我喜歡撿拾這些散落在生活裡的美麗句組，它們通常簡短但令人鼓舞，而這種素養，有時在很小的孩子身上會有，在成熟的大人身上卻看不到。

我們曼谷家鄰居有個北歐的金髮小女孩，小小年紀非常可愛，她第一天去上幼稚園回家，她母親與我們同在中庭迎接從校車上下來的她，我聽到母親柔聲問道：「新學校怎麼樣？」那小小的孩子滿面春風地答道：「A nice school, a nice school.」我們在一旁的人都感染了她的快樂與對學校生活的肯定，也像一陣春風似地微笑了起來。黃昏的花園，因著一句真誠溫柔的話而更美麗了。

住在對門的鄰居是一對在大使館工作的夫妻，丈夫是非洲人、太太是美國人，他們對孩子們非常友善。有一天，我們同搭電梯，那位先生對我說：「我想讓妳知道，妳有一對很棒的女兒，她們真是好孩子。」還好我的樓層馬上到了，因為他真誠的態度與話語，讓我的「謝謝」聲中飽含著眼淚，差一點就滴了出來。

我們明明有許多的字眼，正面比反面來得貼切，但生活中卻漸漸地失落這樣的用心。父母親竟會用「奸詐」或「狡猾」來形容孩子的「機靈」；而孩子也敢用「遜」

孩子真誠開朗的笑語，猶如春風拂面。但願大人們也能同樣以溫柔的言語，回報他們的認真傾聽。

或「笨」來形容父母親不懂而他們懂的事。這些反義的強調，就像在廣告中過度套用的同音字一樣，讓人感到厭膩。

如今，在生活中如果能聽到有人好好說話，心裡真是充滿感謝與希望。

自省之後的實作

＋小朋友班級上的小社會一直困擾著她，幾乎每天都會有不入耳的言語故意激怒她，讓她每晚有訴不完的抱怨！總是勸導她，若對方品性不佳，那就讓她的話隨風去，不要氣壞身子！不知有什麼良藥治療小學五年級的小孩？——Show

讓孩子分辨話好不好聽很重要，正統的語言先學好，就算不懂，也能分辨出那些旁出的話自己該不該用、或什麼時候才能用。更不要讓孩子養成動不動就批評或謾罵的習慣，如果他對一件事有批評，請他講出支持他意見的想法。講話是最好的邏輯訓練，但很多孩子講一堆沒頭沒腦的話也不在意，這是因為沒有人好好聽他們說話，也沒有人真心從生活中指導他們該怎麼好好說話。——**Bubu的回應**

也談「打孩子」

在教養孩子的方式上，有比體罰更傷孩子的冷漠、情緒發洩或辱罵；
也有使孩子完全得不到安全感與教導的溫柔與忍讓。
了解孩子的每一種狀況該用什麼方式來教導，才是更重要的學習與自省。

動手寫一篇早就想寫的文章，去書架找出幾本書，想從中整理出梁啟超先生被散落引用的幾封家書，結果在並排的舊書中翻到簡體字版、許廣平女士憶魯迅的《十年攜手共艱危》。因為是七、八年前看的書，有些忘了內容，坐下來又翻了一下，看到一段描述魯迅先生打孩子的記錄，真是太可愛，忍不住先放下另一篇，寫寫這一篇。

近來，「體罰」這個教養方式在台灣引起熱烈討論，二〇〇七年三月，《天下雜誌》邀我做一篇「品格力」專刊的採訪，雖然體罰並不在原先規劃的採訪內容裡，但來訪的記者林小姐還是問了我這個問題。

我跟林小姐說，對我而言，這不是一個可以當成選擇題——要不要體罰——或是非題——體罰對不對——的思考。在體罰與不體罰之間，父母可用來教導孩子的方式有那麼多，我們為什麼一定要往兩個極端去思考或辯論？了解自己孩子的每一種狀況該用什麼方式來教導，才是更重要的學習與自省。

其實，我從當媽媽之後，很少被「該不該體罰」的想法所困擾，因為在此之前，我曾聽過一句更實用的話——「教養孩子無非弄清楚，什麼時候該輕拍他們的屁股，什麼時候該撫摸他們的頭。」我真正要花時間的是去「弄清楚」，而要弄清楚，就得十分盡心地了解孩子，更要了解自己。

在教養孩子的方式上，有比體罰更傷孩子的冷漠、情緒發洩或辱罵；也有使孩子完全得不到安全感與教導的溫柔與忍讓。

我曾看過一個嚴厲的父親，因為兒子沒有考上第一志願的高中，一整年不與這個孩子同桌吃飯；如果我是這個兒子，我寧可被父親打一頓而後得到真正的原諒。我也曾看過常打孩子，卻不停向朋友訴說自己如何理直氣壯的父母。在兩個極端中間，我們每天都在面對成長的問題，因此，這絕不是一個簡單的問題。

也許，許廣平女士筆下，當時五十幾歲的魯迅與六、七歲兒子之間的溫柔對話，除了博得我們會心一笑，也讓我們在「打」與「不打」之間，能有更多的反思——

魯迅反對小學教師的鞭打兒童，但有時對海嬰也會加以體罰，那是遇到他太執拗頑皮，說不清的時候，但直至他死，也不過寥寥可數的不多幾次。要打的時候，他總是臨時抓起幾張報紙，捲成一個圓筒，照海嬰身上輕輕打去，但樣子是嚴肅的，海嬰趕快就喊：

「爸爸，我下回不敢了。」

這時做父親的看到兒子的楚楚可憐之狀，心軟下來，面紋也放寬了。跟著這寬容，小孩子最會體察得到，立刻膽子大了，過來搶那捲紙筒問：「看看這裡面有什麼東西？」他是要研究紙裡面包藏什麼東西用來打他。看到是空的，研究的迫切心情，引得魯迅先生笑了起來。緊跟著父子之間的融融洽洽的聚會，海嬰會比較拘謹一些。

在別的時候，海嬰也會來一個發表意見的機會，他說：

「我做爸爸的時候不要打兒子的。」

「如果壞得很，你怎麼辦呢？」魯迅問。

「好好地教伊，買點東西給他吃。」

魯迅笑了，他以為他自己最愛孩子，但是他兒子的意見比他更和善。能夠送東西給不聽話的孩子來做感化工作，這不是近於耶穌的打了右臉再送左臉去的忍耐嗎？實際卻未必真做得到吧。

註：海嬰是魯迅先生的長子、周令飛的父親，推算許女士此時記錄，海嬰先生約是六、七歲。

我心中的歌

看到 Abby 這一段話，我好高興，更高興的是她還把原詩附錄在後。
我想她的確唱出了一首真正屬於自己的歌，而且是一首美麗的歌。

這一個星期來，Abby 非常忙碌。科學營就要啟程，雖然隨行將有老師幫她們上課，但兩個星期的功課進度，仍有許多得在出發之前先行完成。每天打開e-mail，都會收到負責帶隊老師所發給家長的信，提醒我們如何鼓勵和幫助孩子們完成工作。Abby 忙到和我擦身而過時匆匆招呼道：「嗨，媽！晚餐見！」我知道她打算進屋奮戰直到晚餐時間。一小時後，我帶了果汁進書房看她，孩子抱著我高聲道謝，然後跟我商量著去美國這兩個星期的法語缺課該怎麼補。我建議她一半超前一半後補，她覺得很好，說明天上課時就跟老師提。

我探頭問她正在電腦裡完成的功課是什麼？「人文學老師要我們做一本自己的詩集，已經做了一個月了，今天就可以編完成冊，總共有二十首，要不要看看我印完的部分？」她一面說，一面順手從左側拿了一小疊紙給我。封面的設計很簡潔，詩集被命名為「我心中的歌」，我覺得很不錯。翻開內頁，每一首詩都經過美麗的編排，並且詳細解說押韻的方式及詩體的類別，一看而知是費心思的工作。我慢慢看，也慢慢欣賞孩子投注在當中的努力。翻到第五首時，看見的詩名是〈How do I love you?〉，其中的「Love」被一顆手繪紅心取代了。雖然我讀過的英詩並不特別多，但讀完Abby這首〈我多麼愛你？〉，一下子就讓我聯想到英國女詩人巴勒特寫給她的夫婿勃朗寧的名詩〈How do I love Thee?〉。為了確定，我先在自己的書架上找到那首詩，然後再回房跟Abby討論我的看法。

她不否認是從這首詩得到靈感並沿用原詩結構，但無意抄襲。她要我比對詩句，的確沒有雷同的部分。基本上，我贊同學習和創作是從「臨摹」而來，這沒有什麼不好，但我覺得Abby應該註明原委在詩的最後，以表達她對創作的忠誠。

起先孩子覺得委屈，並不答應，而我也一時懷疑起自己如此要求的必要性。那個晚上，我們沒有再提這件事，但我心中總還是記掛著，要在星期三交出功課前再跟她談談。

星期二的晚上，我跟Abby再溝通一次，我給她看的是自己兩年前寫的文章。文章原是為一位心情低落的朋友所寫，篇名叫「你的心情我想我知道」。這並不是我自己原創的句子，但和我要表達的情感卻如此吻合，因此我借用了別人的智慧。在文章的最後，我則加註了「篇名是借用詩人楊牧的詩句」。我把文章給Abby看，希望用「負責和忠誠」與孩子互勉。

從六年級開始，學校便嚴格地要求她們寫報告時，凡引用別人的論點或文句都要列在報告之後，這是學習寫論文最基本的訓練，我覺得很有意義，也高興好的習慣要從小養成。現在，便是她將訓練付諸行動最好的時機了。

星期三早上，Abby如期把功課交了出去，她不但在自己寫的那首〈我多麼愛你？〉後面用不同的字體寫上：「這首詩的骨架是來自女詩人巴勒特所寫的〈How do I love Thee?〉。為了加強寫作技巧，我讀了幾本詩集，很喜歡這一首，因此我試著寫一首同樣韻律的詩。」看到這一段話，我好高興，更高興的是Abby還把原詩附錄在後。

我想她的確唱出了一首真正屬於自己的歌，而且是一首美麗的歌。

樂在參與

Abby 跟我提起那次比賽，大家都好緊張，所以她就要同學們「開心地笑」，說輸贏都沒關係，但一定要「笑」，突然同學們都輕鬆了起來，那場球她們打得很漂亮。

ＩＳＢ（曼谷國際學校）的禮堂Uuicorn Theater右側，有一條通往戶外餐廳的迴廊，迴廊的一邊是淺梯階式的荷花魚池，另一邊的牆面上，木刻和銅牌雅緻地行列著每一年高中部的各科得獎者，一年一位，共列十二項。

七年前送Abby和Pony進入ＩＳＢ時，我在那面牆邊瀏覽了很久，深深被它的設計所吸引，大概是因為看慣了「榮譽榜」、「英雄榜」這一類五花八門的優勝櫥窗，對於一個簡簡單單只寫著西元紀年與名字的留名板，似乎更有好感，覺得非常適合校園的氣息與紀念。

上週五Abby打電話回台灣，問我們星期二會不會回到曼谷，我說很抱歉，爸爸的工作得再一個星期才能結束，她諒解地說：「媽媽，沒關係，我不去好了！星期二晚上高中部有個頒獎典禮，我被通知領獎，但如果你們不能參加也沒關係。我隔天還有一場演奏也很忙，而且各科都開始在期末大考了。」我想起Abby目前的GPA（Great Point Average；學業平均成績）是四．二，她一直都非常努力，課業得獎本不在意外，但她接著說：「學校給我的信裡說，我還得到另一項獎，只是他們不能事先告訴我，要在典禮上才宣布。」這下我們全陷入五里霧中，到底是什麼獎，這麼神祕？

工作中，我偶爾會想起那個還未揭曉的獎到底是什麼？Abby 各科發展均衡，如果她得到法文、英文或生物、歷史那些獎，從成績單上看來都有可能，但那是給十二年級已經修完IB（International Baccalaureate；國際文憑課程）的人。我奇怪到底還有什麼獎可以給十年級的她？在忙碌中，我們很快忘了再去想這件事，而Abby也沒有去參加頒獎典禮；對她來說，為下一場競賽做準備可能比去領獎還重要得多。

星期三放學時間我打電話回曼谷，孩子們都還沒到家，原來Abby去練琴，而妹妹也留校到高中部聽音樂會。她們回家後，很快就給我回電了，神秘獎項終於揭曉——二〇〇三年ISB的體育獎。

Abby在電話那頭興奮地說，高年級的人都意外極了，紛紛打聽真的是那個Abby嗎？那個功課很好的Abby不是個弱不禁風、只會念書、拉琴的女孩嗎？事實上，我們跟其他人一樣感到意外。Abby並不是體育不好，但ISB有的是高手。記得她去考籃球校隊，只入選了校際比賽的隊部，還不是出國比賽的代表隊；論體能來說，一六八公分四十七公斤實在稱不上強壯，跟西方人的體型一比，在運動場上Abby的持久力

Pony筆下的快樂小丑。

還是不夠。但她卻得到了這個高中部以九、十年級為評比對象的獎項。

平常，除了一起下樓游泳、到健身房跑跑之外，我其實少有機會親眼目睹Abby擅於運動的一面，但是我知道她很誠實又有毅力，相信誠實也是一個運動員必備的條件。我知道她還很有團隊精神，記得回台灣在德光這一年，她的導師曾在一封信中描述她——

樂旂是一位優秀的運動員，對於各種比賽、活動積極投入、不遺餘力。四月四日才剛落幕的班際排球賽，樂旂所帶領的兩組球隊同時囊括了冠亞軍，實屬難得！身為班上康樂股長的她，不只把握每次練習的機會以厚植實力，更重視球員之間的默契與感受，加強伙伴的凝聚力，而她時時的加油打氣聲，更成為整個球隊的精神支柱。

我也記得Abby曾跟我提起那次比賽的事。她說大家都好緊張，所以她就要同學們「開心地笑」，說輸贏都沒關係，但是一定要「笑」，突然同學們都輕鬆了起來，那場球她們打得很漂亮。

今年八月，孩子們即將告別ＩＳＢ，臨別之前得到這樣的禮物真是可堪紀念。那個出生時只有二千七百公克的小女孩，如今竟能以體育獎留名在那片雅緻的牆上，真是感謝ＩＳＢ不只教育她懂得了運動的好處，也培養出她不屈不撓、樂在參與的運動精神。

左撇子

兩個孩子的思考路線全然不同，Abby的邏輯精密嚴謹，Pony的圖像活潑、天馬行空，
我不會隨便用誰比較有「創意」，來評斷她們的不同，
我只是歡喜從她們的身上也學到許多豐富的想法。

在部落格的回應中，看到好幾位媽媽在討論左撇子的問題，我想起了一篇想寫卻沒有動筆的故事。

七月底帶Pony去高雄，去了她小時候去過的海鮮餐廳用餐。坐定後，我先去洗手間，走回時遠遠就看到Pony一臉調皮的笑容，她用表情在對我說話。

我拉開椅子問道：「怎麼啦！」她看著自己座前的餐具笑著說：「我把筷子和筷架移到左邊，服務的阿姨走過來把它移到右邊。阿姨轉身後我又移回左邊，她剛剛走過看到了，又來把它移回右邊。」我問她為什麼不跟阿姨說自己慣用左手，Pony突然笑得更開懷地回問我：「大家一定會叫我要改過來的，媽媽還記得我小的時候嗎？」

的確是這樣，這家餐廳在高雄歷史悠久，Pony小的時候我們來過好幾次。每次一來，總有好幾個阿姨圍在我們桌邊逗弄她，特別是看到她拿著自己全套的餐具，還慣用左手。在十幾年前，左撇子還不「流行」，於是總有人很熱心地把她的叉子從左手拔下，換到右手。大家好熱情、好親切，但我們真有點承受不住的感覺，多麼希望難得一

次的外食，可以全家安寧獨享美妙時刻。這個筷子挪來挪去的事件，讓我不禁想起那個胖嘟嘟，四、五歲的Pony，和她使用左手的許多生活小事。

那一天，好不容易讓餐具都在左側安定下來之後，Pony突然問了我一個永遠沒有答案的問題。她問我說：「媽媽，如果小的時候，妳硬把我用左手的習慣改過來，不知道現在我還會不會畫圖。」這個問題很可愛，卻無從猜測任何的可能性。我之所以非常自然地接受了Pony的左手習慣，是因為知道自己雙邊的家族中都有這樣的遺傳，我相信這不是一件了不得的大事。如果沒有心理學家的分析，也許根本沒有人會注意到這麼自然的事——有多少人注意過自己走路先舉右腳或左腳？

母親好幾次回憶我早逝的外婆，她告訴我，外婆用左手做的女工有多麼精緻，她還說我遺傳了外婆的藝術特質，手很巧，東西經過我就會不一樣。也許是因為母親這樣肯定我，而我並非左撇子，因此對左右手的使用，我更沒有必然的性向推論。

Pony的圖像式思考是不是完全與左手的使用有關，我無從知道，但我總是很樂意聽她跟我分享思考的心得。比如說她會告訴我，自己很喜歡T．S．艾略特的作品，是因為讀完一首詩，腦中馬上生出一幅景，那種蒼茫曠野的寂寞淒然，在她讀來是非常具體的。她又說姐姐不喜歡珍．奧斯汀的小說，因為那些故事太狹小單調，但是她讀來卻覺得滿有趣。也許是因為自己的圖像處理習慣，細緻的描寫經過她的閱讀後，很快地成為實景畫，呼之欲出。

兩個孩子的思考路線全然不同，Abby的邏輯結構精密嚴謹，Pony的圖像活潑、天馬行空，我不會隨便用誰比較有「創意」，來分別評斷她們的不同。二十年來，我只是歡喜自己從她們的身上也學到許多豐富的想法。也許，那天Pony問我的，並不完全是關於保留左手習慣的問題，而是肯定我們在他們的成長中，樂意保留孩子的特質與自我，也享受她們帶來的啟思。

左撇子Pony在作畫。

給孩子真正的自由

在過程中「盡心努力」，是我們帶領孩子追求生活的態度，
但這些努力所造就的表象成果，
卻不是她們用來進入人生唯一的入場券。

這兩年，每一個暑假Pony都會自己縫一個提袋，我只教她基本的裁縫車用法，剩下的步驟與作法就讓她自己去摸索。我看她畫了設計圖，甚至先縫出一個迷你樣本；遇到問題就找資料，連幾個好笑的錯誤也不是沒有意義的。

在學習的過程中，完全知道每一個步驟然後跟隨，是使教育變得僵化、無趣的一個主要原因。我喜歡孩子有一些摸索的時間與空間，我也想以這個角度再跟大家談談我對學習的想法。

當Pony決定要提出藝術學院的申請時，第一個面對的價值衝擊是她的學業成績很高，很自然讓人起了「可惜」的感覺。因為在傳統的觀念裡，成績就像金錢，既然能買到更「有價值」的東西，為什麼要在選擇上浪費這當中的差價呢？

從成績的座標圖上來看，Pony的GPA超過4，她所有大學預修課程（AP）已考

完的五科全都拿到最高級分；此外，她也是三個榮譽學生協會的會員。當我們完全贊同她去讀藝術系的時候，只告訴Pony，不要受分數的影響，成績是努力求學的評量，卻不是用以論斤論兩換取未來的根據。

還記得Abby剛上大學那年暑假在店裡打工，在台灣念國三時的一位同學的爸爸特地來問她上哪個大學、讀什麼系，然後給了她一個結論：「念語言學以後要幹什麼啊？我女兒念高醫牙醫系，以後是個醫生呢！」可惜的是，我們這位語言學家不懂高雄醫學院的簡稱，她一直想不通，為什麼她的同學又要從「高一」讀起呢？

我想，這就是多數人對人生的看法。從小用功讀書換成績，長大之後才可以拿成績換工作、金錢。但是，我們卻不想以分數為標準，影響孩子如何決定自己的人生。

我們沒有什麼能給孩子的，於是決定除了給十八年的照顧與永遠持續的愛之外，還要給她們一種真正的自由——讓她們尋找自己價值的自由、走自己路的自由。

上個月Abby回新加坡，有一晚我們在床上聊天，我問她會不會後悔讀語言學？她說：「不會，但是這個系對我來說很簡單，所以這兩年，我其實已經把需要的學分都修完了。」我交代她不要提前畢業，大學是人生非常特別的階段，再利用剩下的兩年去別的學院修課，好好生活，不急著把這段路走完。

我之所以說了這許多片段的想法，是希望大家能了解，在過程中「盡心努力」，是我們帶領孩子追求生活的態度，但是這些努力所造就的表象成果，卻不是她們用來

Pony在縫紉車前摸索思考一個袋子該怎麼縫。
我很願意孩子學一件工具或新的事情時，
有足夠的自由以自己的方法來探索，
而不是要她凡事遵循固有的規則。
我的經驗是用來備詢，而不是強迫帶領。

進入人生唯一的入場券。

從小學習才藝絕對不是壞事，但是，學習的過程很重要。Pony非常贊成技巧的訓練，但是她一再強調，訓練不該像亞洲社會的美術教育，因為做得過度而僵化了。

有一次我們談起好的藝術學生，她覺得那是「熱情」與「天賦」會合而成的一件事。她提起有一兩個同學好可惜，對藝術真的是那麼有熱情，但就是沒有天份，大家看到她們非常努力，筆下卻沒有好作品。另一兩個呢，很有天份，可是面對藝術卻沒有興奮之情，眼睛不曾發光。

她又一再強調，很高興自己去年修了大學藝術史，因為這堂課對她來說，不是只為了記憶關於藝術的知識，而是幫助她在整個藝術的發展中，找到自己思想的相對位置、發現自己所受的啟發與影響。

雖然這十年來，Pony並沒有正式拜師、定期去學畫，但是我卻常常看她翻著一本書就開始畫，每個時期喜歡的東西也似乎都不大一樣。我只觀察、沒有意見，努力在這些線索中感受她快樂滿足的程度，那是我十分寶貝、珍惜的信號。

當一個孩子會跟妳說：「媽咪！我想念畫畫。」或一坐下來就是幾個小時不聲不響地在作品前工作，父母一定會清楚自己該用什麼心情來看待這一切。

我唯一做的事，只是刻意延後了一點時間，讓她的熱情在心智比較成熟的階段直接進入較高階的學習，她因此也避免了一些訓練過度的滯礙期。人生的路，究竟哪一種走法才叫捷徑，一定是見仁見智的不同。

我想要對媽媽們說的是：Pony的例子不應該讓大家反推為「不要從小學畫」，因為每個孩子成長的過程都不同，不同的才藝也有不同的最佳訓練起點。但是如果我們能分辨「技巧」與「靈光」之間的差別，也許在送孩子去學才藝的過程中，就不會犯下揠苗助長的錯誤；也才能讓親子在學習中，感受到真正的安定與愉快。

留一片完整的時間

我想提醒家長，重視孩子的時間被分割得十分破碎的事實。
每四十五分鐘或一個半小時換一個主題，整天趕來趕去，未曾有過安定的整大段時間；
這種從小養成的匆促步調，會在稍後看到從此生成的影響——靜不下來。

星期六在台南慈濟小學跟家長們有一場分享會，接到邀請的電話時，負責聯絡的老師跟我討論了一下當天分享的內容與形式。我希望這不是完全以演講為主，問答與交流總是讓親師更能融入分享。

通常，聯絡人會很貼心地考慮到，需不需要先讓主講者知道提問的內容，但我認為不要事先準備的答案會是最好的。我所要回答的是「真實的經驗」，而不是「完美的答案」，這是無需準備的。而教養的路上，能適用於不同家庭的完美準則從不曾存在；我們只是透過別人的經驗來檢討或激勵自己，而不是尋找教養的配方。

星期六的問答很熱烈，其中一個從問題裡延伸出來的討論，我覺得很有意義。當我們一直在批評台灣的教育制度不好的同時，我覺得大家都誤會了國外教育的內容與載重量，好像台灣代表的是一個絕對死記填鴨的方式，而西方教育又完全是活潑生動的啟思。有些父母認為，在台灣受教育就要不理會學校才快樂；而外國的孩子又個個都是既快樂又熱愛學習的。

這種極端的認定與討論，不只虛耗掉父母應該用來關心孩子的時間，也使留在台灣受教育的孩子從小習慣了否定自己身處的環境，無法善用自己的資源。

我覺得台灣教育最大的問題，可能是順序相反，小時候學太多，進了大學又太鬆散。心智還沒有長成的孩子，生活節奏比成人還緊張；而體魄精神都已經成熟的大學生，卻常常喊無聊。人生的學習載重如果重新安排一下，我們的教育應該會更成功。

我一直主張小朋友不要在放學後跑補習班，並不是反對才藝的學習，而是想提醒家長，重視孩子的時間被分割得十分破碎的事實。每四十五分鐘或一個半小時換一個主題，整天趕來趕去，未曾擁有過安定的整大段時間；這種從小養成的匆促步調，將會在稍後看到影響——靜不下來。生活裡如果不隨時出現變化、沒有新的活動，對他們來說就「很無聊」；看書用跳的，看電視不停轉台，講話的思路與脈絡也是跳動忙亂的。

任何學習在接收之後都需要消化，而消化需要時間。如果父母一邊抱怨教育只是填鴨，而自己又忙進忙出到處送補習，從時間的分配上來看，孩子的確只是吸收的工具，完全無暇來做其他資料的處理，死記當然成為他應付這種學習與回吐的方式。

小學是一個非常重要的起點，但父母不要緊張。把眼光多花在自己孩子的身上，不要常常只看到別人的孩子與自己孩子之間的差距，讓無謂的比較佔去你可以用來關心孩子的時間與情緒。

如果你相信學習是一生持續的心智活動，請考慮重新建構孩子的生活作息，每天為他們留一片完整的時間，讓他們從小有機會學習時間管理。

燈下課子小記

作為母親最大的快樂與安心就是：
我們永遠擁有比孩子成熟的人生經驗、信心和耐力，
可以坐在燈下看著他們長大，記得他們似懂非懂的純真年代。

孩子們放寒假了！學校除了讓她們借出幾本課外書，並沒有待交的功課，不過她們有自己的計畫。討論假期如何利用時，孩子們提到，除了把借來的書都看完之外，每天姐姐要花一小時加強地理，念一小時法文和一小時的科學；Pony則說她是數學、拼音各一小時，還要把訂來的歷史書看完。談話中誰都沒有提起「中文」，而且還設法逃避我詢問的眼光。

我什麼都沒說，只是微笑定定地看著她們倆，一雙姐妹終於不戰而敗，紛紛說：「好吧！好吧！還有一個小時的中文。」我得意地揚起頭走回書房，臨走前交代她們，自己排時間來找我。但是，在書房裡我開始思索，為什麼兩個孩子會對中文設法逃避？一定是我沒有把引導的工作做好。我開始計畫下一步該怎麼善用這每天寶貴的中文時段。

燈下的功課不只孩子有所得，
我的每一分每一秒也都沒有虛度。

Abby在台灣上過三年小學，三年裡除了學校，我也花時間陪她一起對中文做了紮根的認識，因此至今她的中文仍維持不錯的程度。我沒有辦法把兩個孩子放在一起學習，但多花一倍的時間而能讓她們得著益處，我想是值得的。燈下課子時分，我的愉快遠遠超越我的付出。

Pony的中文一直停留在「講」、「拼音」及少數的「國字認識」中；三年來的美式教育讓我看出她的「研究潛能」，如果能給她一個確定的主題或引發足夠的興趣，她所能探求的深度常常超過我們的期望。所以我決定開始跟她講中國人造字的方法。她聽得如癡如醉，央求我再多說一點。我們講起部首字的由來，當我們開始翻閱有關「目」為首的字時，Pony已經可以因為理解而推論出「眉」、「督」、「直」、「盲」……這些造字時的立意。上課非常有趣，一下過了兩個小時，孩子回房時還依依地跟我說，明天再讀喔！

Abby來的時候，我們雖然也講起字源，但可以延伸的就更廣了。像是「心」部的「忘」，她知道「亡」有無、失去的意思，所以我藉此跟她提及「亡羊補牢」的引申意。雖然沒有特定的教材，但每個知識與語彙都很寶貴、也很有趣味，燈下的功課不只孩子有所得，我的每一分每一秒也都沒有虛度。

不管是中文或英文，我常常建議孩子們多「朗讀」。每個星期有幾次，她們會應我要求朗讀一篇文章。常常陪讀的理由是希望能引導她們掌握文字、符號、訊息與情感的平衡。每當我們練習越多，就發現她們可以從文字語言中領略的知識更多。

雖然我只是個平凡的母親，也沒有可以傲人的專精術業，但作為母親最大的快樂與安心就是：我們永遠擁有比孩子成熟的人生經驗、信心和耐力，在成長的歲月中，可以坐在燈下看著他們長大，記得他們似懂非懂的純真年代。

讓寫作變成愉快的活動

要相信能好好說話，就能寫出一定程度的文章。
如果從小帶領孩子體會文字語言與完整表達的美妙之處，
寫作一定會成為他們生活中的愉快活動，而不是為基測才補習的加強課程。

在台灣，孩子的寫作能力受不受重視，總是隨著這項成績納不納入基測而漲漲跌跌。在我給孩子的知識教育之中，不管考不考作文，我一直灌輸她們寫作的好處、引導她們重視語文表達的樂趣與美。我告訴她們，言談也是一種用聲音即席寫作的方式，要注意聆聽自己的發言。

Pony回台灣上小六那年，我為她和幾位同齡的小朋友準備了一篇文章，作為談「寫作」的教材。我發現，雖然Pony當時的中文文字能力才剛起步，但用中文書寫她的心中所感並不難。因為平日在家中，我們已經建立她喜歡表達自己的習慣。反而對有些熟悉中文的小朋友來說，寫作永遠是一件令他們感到頭痛的「功課」。因此，我為他們介紹了這篇小報導，也帶著那六個孩子一起討論文字在他們的生活中所產生的影響與連結。

在中時寫「親子語言學」專欄之後，我更常思考家庭語言與孩子表達能力的問題。我常鼓勵小小孩的父母們，盡心為孩子建立良好的語言習慣，不要把寫作與說話當成兩種能力來分別培養；要相信能好好說話，就能寫出一定程度的文章。如果從小帶領孩子體會文字語言與完整表達的美妙之處，寫作一定會成為他們生活中愉快的活動，而不是為基測才上補習班的加強課程。

相信以下這篇文章一定會帶給大家一些有用的想法（加線的部分是當時我特別提出與孩子分享的內容）。

凱倫的故事（節錄自《讀者文摘》）

凱倫曾經是加拿大監獄裡最年輕的囚犯，二十四年之中，他進出監獄不只二十次，還曾經越獄十三次。在那幾年裡，報紙上如果有他的消息，總是稱他作「瘋狗凱倫」，他是人人心目中無藥可救、沒有良心的傢伙。

這個只受過七年學校教育的孩子，卻在文字中找回了自己。四十歲那年，他親筆寫下的獄中生活回憶錄《跑！快跑！》獲得了加拿大最高文學獎，在他的書裡，我們看到一個人如何仰賴文字來整肅自己、重造生命。

凱倫對文字著迷的起因非常有趣，是彩色糖果建起了這座登向奇蹟的橋樑。那是一九六三年救世軍贈送給獄中囚犯的禮物，凱倫回想起當時的情況，他說：「我本想吃那些糖果的，不知道為什麼卻留了下來。有兩個守衛常常在我想睡時，用鑰匙用力地敲門上的小窗以此取樂，我神經非常脆弱，敲窗的聲音讓我頭痛欲裂，我一抗議，他們就笑得前仰後合。有一天晚上，我想到用那些糖豆拼字罵那些守衛以洩心頭之恨。當然，我受罰了，他們取走我的糖豆、沒收我的毛毯，不過，我也明白了文字的力量。

凱倫開始向教師要鉛筆、紙與字典，他開始寫作——強迫自己寫，不停地寫，寫得手指都起了泡，但他藉著這個活動來清洗自己的內心。他用充足的時間來思索，然後藉由文字表達出思考的具體形象，在一再修正重寫的過程裡，那些初期幼稚的努力最後竟變成了好幾千頁的原稿。

對凱倫來說，得不得獎、能不能出名或許不是最重要的事；真正重要的是，他從文字裡獲得了最大的禮物——寫作引導他進入**自我發現**的新天地。

我們應該從小讓孩子體會：
寫作不是考試的項目，而是整理思緒最好的方法，
是表達自己最美的工具。

愛的教育

大家不要只得到「外國教育好好，我們好糟」的想法。
那些老師們所做的事、所給的關心，並非我們做不到的。
我們需要的是從這些實際的行動中得到啟發，並化為自己的教養力量。

雖然「愛的教育」已經因為過度使用而顯得陳腔濫調，然而，這四個字寫的仍然是教育中最深的期待、最美的結果。

Abby入賓大一學期後返家，我看到她從一個「會」讀書的孩子變成了「愛」讀書的孩子。印象最深刻的是，那天早晨九點半，我從機場接她回家，經過十幾個小時從紐約轉西雅圖、台北而後高雄的飛行，我以為她盥洗之後大約就要倒頭大睡了。

Abby去盥洗後，我到店裡轉了一下，再回家時卻看見書房的燈敞亮著。拾級而上，一眼就看到我那甫從地球另一端飛回的女兒，披髮側身倚在桌前讀寫法文。此後在家渡假的三個星期，她也沒有一天不曾好好端坐桌前閱讀或寫作。她的成長，我不用多問就在每天的作息中深深感受到了。

使Abby成長的，當然是因為有許多好薰陶，一如她在家書中提到同學之間的提攜與扶持、砥礪與相伴，但是我也有幸一再從言談與信件中，看到師長所給予一個孩子的照顧與教導，在情感上是如此細膩、在時間上是如此迅速。

這封信是Abby為了加退選課與教授往來的信件。許多人在談教育的時候，總喜歡以一種非常籠統的說法來比較東西方教育的氣氛與目標；我的孩子輾轉在不同國家受教育的過程中，我得以藉著更多的細節來印證別人的觀察。我也希望在分享這樣的體驗時，大家不要只得到「外國教育好好，我們好糟」的想法。那些老師們所做的事、所給的關心，並非我們做不到的。相信我們真正的需要，不是羨慕別人，而是從這些實際的行動中得到啟發，並開始化為自己的教養力量。

Abby給Chance教授的信

親愛的Chance教授您好：

收信平安！因為我們正準備啟程到位於台灣東部的外婆家過節，所以我想在出門之前向您說聲「聖誕快樂」！

我非常喜歡上您的課，這堂課對我來說有太多的「第一次」——第一次在學校與這樣小小的討論團體一起研究功課（對我來說真是喜出望外的經驗）、第一次針對一部文學作品做那麼細膩和深入的探討等等。謝謝您在整個學期中對我的指導，也謝謝您瞭解我渴望能夠有機會回答問題——即使所回答的只是淺顯的答案而已。我發現這個課程對我來說真是個挑戰，但同時卻非常有收穫；雖然這話聽起來好像很奇怪，不過上您這堂課，讓我感覺到自己像個十足的大學生。

Chance教授，因為很喜歡上您的課，所以我本想在下學期再選一堂您所開的其他課程。我很感激您這麼快就把課程摘要給我，並為我預留座位；這份關心，讓我在選課最後階段不得不放棄您的課程時，越發感到難過與遺憾。最近，我發現另一個吸引我的課程——是有關高齡社會的相關課程。我因為從小和祖輩們非常親近，因此延伸了對於其他年長者的愛；在高中的時候，我已實際深入老人院的服務，我認為這堂課是讓我對這個主題有更進一步了解的好機會。不巧的是，這和我原先選定您的那堂課衝堂，所以在仔細考慮之後，我決定先放棄您的課程，而選擇有關高齡社會的那堂課。

事實的情況是，我已經在這星期改完我的選課了，卻遲遲無法送出這封信，因為我不知道該如何解釋自己的心情。我曾那樣表現出對*Tale of Heike*（平家物語）的一番熱衷，而後卻放棄這堂課，我對這不得不的選擇感到非常失落，也希望獲得您的諒解。

很抱歉在充滿愉快節慶氣氛的時候，捎來這個令人失望的訊息，雖然它並不令人愉快，但是我認為應該早一些讓您知道。更重要的是，我要感謝您在課堂上給我們的美好時光。現在我很想盡快去祖父母家，向他們「炫耀」我新學到的知識。

祝好

Abby

Chance教授給Abby的回信

親愛的Abby：

謝謝妳誠懇的來信。雖然我很期待妳能再到我的課堂上，但對一個新鮮人來說，能多涉獵其他領域，對智識的發展是比較好的。我想妳看到的應該是BFS（譯註：Benjamin Franklin Scholar；「班哲明富蘭克林學者」的縮寫，即賓大的榮譽學生）講座中老化現象研究（Gerontology）的課程吧，我記得那是給三、四年級生的主修課之一，但是有時候他們也收一年級的榮譽學生，看起來那個研究課程蠻適合妳的。

我記得去年一位教授曾在BFS相關課程中談論到關於人口統計學（Demographics）的課題，他說高齡社會是目前全世界最重要的變化之一（甚至比電腦所產生的影響及其他許多事還來得重要）。日本很顯然是最快演進到高齡社會的國家——我經常在針對這個主題所做的調查計畫中進行演講；去年，我們有一位這個領域的專家，也討論了有關日本鄉下地區老人自殺的議題。妳在賓大讀書期間，如果我們有任何相關講座，我會盡可能讓妳知道；我想妳在工作上，也可以有一些和高齡社會相關的選擇。

對於*Tale of Heike*，我們也會在我所開的「忠勇的戰士」課程中閱讀；我還有其他相關課程，都歡迎妳隨時選讀；有時候，我或許也會替BFS上*Tale of Genji*（源氏物語）。事實上，我認為每位教授都會希望妳選他們的課，所以妳應該讓更多老師認識妳（如果妳不清楚我為什麼這麼說，我要說明的是：因為妳對事情思慮很縝密，富有創造力，而且上課前總是會先做好準備，而妳這麼做，是為了實務上課程的需要，而不是為了給教授們深刻的印象）。我確信妳將會發現許多更深入的課程，也會有更多同學可以和妳一起激發新的想法。妳不僅會發現許多比我們更好的團體——四位非常聰明和心思細膩的年輕女孩，也會有更多新的、以及預期之外的經驗陸續到來。

請妳一定要轉告妳的家人，我們很高興他們讓妳到這麼遠的地方來求學，請好好享受和他們共處的時間！

祝好

LCH

從一份招生簡章看學習

雖然這只是一份Abby為家教班所擬定的招生簡章，
但在字裡行間，我仍然感受到她與學習之間的快樂關係。
這是她在辛勤耕耘之後，坐在田埂邊，揮汗細說一路走來的體會。

我喜歡跟店裡的工讀生在一起，關心她們的同時，我總會想起在遠地求學的大女兒。

一個晚上，我和店裡的孩子們共進晚餐，在談起她們未來的學習計畫時，有個正在外文系上大二的孩子問我，Abby和Pony是如何在那麼大之後才學英文，而仍能把英文學好的。

我沒有辦法把她們一路的努力歸納成一個所謂的「方法」，講出來給她做參考，但是我找出了一篇舊文章，也許從當年剛剛離開高中的Abby口中，可以看到她自己對語言學習的想法。

雖然這只是一份她為家教班擬定的招生簡章，但在字裡行間，我仍然感受到她與學習之間的快樂關係。她用來說服大家的經驗，不是自然而然或輕鬆無負擔的學習；她是在辛勤耕耘之後，坐在田埂邊，揮汗細說自己一路走來的體會。

我想，這也可以是另一種學習參考。

ABBY英文家教班招生說明（二〇〇五年六月八日）

我將於今年九月離家就讀美國的賓州大學。我未來將主修語文學，因此希望能夠利用暑假來教書，以增進我在這一門科學的實用知識。在仔細考慮與計畫後，我想在這裡對有興趣的人提出三種我自認有資格舉辦的課程。每一堂課以兩人同上為原則，每個禮拜的上課次數則可因個人需要而定。

托福／SAT I（英文與寫作部分）

許多人喜歡宣稱「潛能測驗」是無法準備的，但我的經驗使我有了另一種看法。雖然托福和SAT I沒有明確的範圍，我們還是能夠透過加強自己整體的能力，來征服這類考試。這意味著背更多的單字，學著用更精確的方法來閱讀與寫作。我所計畫的課程，就是要透過許多練習與詳細的解釋，來幫助你磨練上述的幾種能力。

我們將會一起做很多題目，不過更重要的是，我會花時間來一一解釋每個答案的選項，與你所不熟悉的單字——每一個問題都是一個學習的機會。藉著練習，人們可以達到完美，不過練習的方式一定要聰明。

我所整理出來的方法是非常有效的。十二年級在自修之後，我把SAT I英文部分的成績從原本的七二〇分提升到滿分八〇〇。在這之後，新加坡美國學校有五個學生，請我在課餘時幫助他們提升SAT的成績。

因為SAT的分數很理想，大學免除了我考托福的必要。托福基本上是為外國學生用來彌補SAT成績不足所設計，相似卻較為簡單的考試。雖然我沒有實際考過托福，但已準備、並徹底研究過這個考試的材料，所以我對於這個考試的輔導也很有自信。不過，如果你希望真正增進自己的實力，那麼我推薦你攻讀SAT I。

文學欣賞

學習英文最好的方法，就是閱讀、閱讀和閱讀。然而，光是大量閱讀是不夠的，你還必須讀好書。這門課是為了引導你去尋找用英文閱讀的樂趣，因為它能同時滋潤你的心靈，並幫助你大大增進語文能力。

我們所讀的書，會在第一堂課測驗過你的英文能力後而定。接著，我會指定書裡的章節作為功課來閱讀。課堂裡，我們則會對所讀的作品做深入的討論與分析。你會從這些以英文進行的團體討論中獲得新的觀點，並在參與中挑戰自己的聽、說能力。依情況而定，我或許也會派發關於書本的寫作功課。

進階寫作研討會

寫作是生活中一種非常重要的能力。寫作的藝術，是要在勤奮練習與省思之後才能熟練的。我這堂以小組討論為中心的課，是仿效今年我在學校選修的一堂很棒的同名寫作課。它將幫助你熟悉各種模式的寫作，從散文到短篇故事，依你個人的偏好而定。你也可以按照自己的需要調整課程的內容，因為有些人也許想要只專注在一種寫作方式上。

在介紹每一種寫作方式時，我會先開始簡介最基礎的結構，然後再指出在書本、期刊裡或網站上的現有範例，也藉著它們找出這個結構不同的變化。你將會有要在家裡事先完成的寫作功課；草稿應該在下一堂課之前完成，並在團體討論時與大家分享。在討論時，你將會對其他人處理題目的方式下評論，並提供有益的建議。

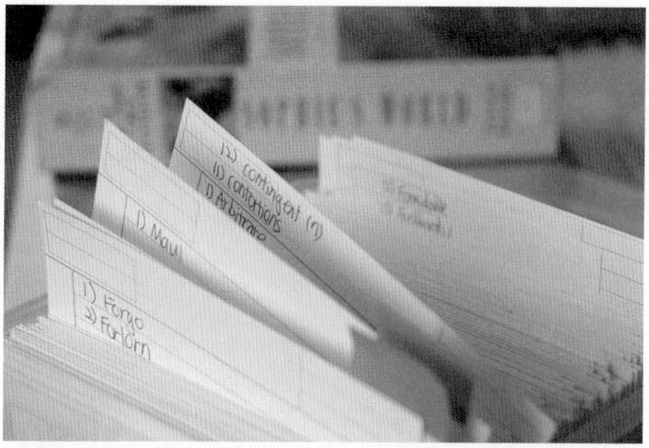

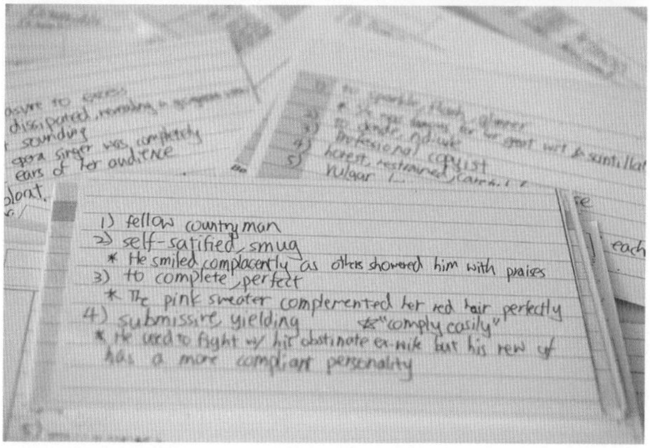

轉受英文教育的Abby，一路努力追趕語言程度。
實力、樂趣與體會語言的力量，是她最美好的收穫。

我們也會訓練自我修改，建立獨立學習的想法十分必要。雖然完全仰賴家教很容易，也是很吸引人的選擇，但是學習自我修改，能使你在停止上課後還繼續進步。只要你夠努力和專注，你就能提升你自己。

我會讓同上的兩人先互相修改文章，我再修改並給予完成稿一個分數，以讓你了解你在哪些方面做得很好，哪些地方需要再加強。就在一次又一次的修改後，你會懂得避免文法上的錯誤，也會尋找到自己的風格。所有的教學與討論都是用英文進行，因此你也有機會練習自己的聽、說能力。

媽媽的話——為Abby背書

我們的大女兒Abby六月二號從新加坡美國學校畢業了，從此開始了另一個階段的人生。Abby向來十分用功自重，申請大學同時被許多學校錄取，最後決定加入長春藤盟校的費城賓大，成為第兩百五十三屆的新鮮人。

Abby從小學四年級離開台灣，而後進進出出在不同的國家受教育，曾就讀寶仁小學、曼谷國際學校、瑞士美國學校、德光女中和新加坡美國學校。這些經歷除了使她磨練出適應力，也使我們在當中體會出，良好的語言能力奠基於勤奮與正確的學習計畫，她的大學教育準備以語言科學作為大方向。

在這幾年中，Abby除了中文與英文之外，也學習了五年的法語，畢業時同時獲得英文與法語的榮譽獎。她很有計畫地在申請大學宿舍時，也選擇了法語宿舍作為精進語言的階梯。對我們來說，最感安慰的不是別人口中的「優秀」，而是她能為自己掌舵。

我們曾跟Abby說：成長的意義便是「權利」與「義務」相伴而生，因此她從十二年級開始，便利用課餘與假日當家教，以賺取自己的部分生活費。雖然自己的功課很忙，Abby仍然非常投入於她的家教工作中。我聽Pony說，姐姐曾打電話去責備沒做她家課的學生，並要跟他們的媽媽談談，因為她的認真，所以畢業前這些家長都很感謝她。

畢業典禮後，Abby徹底地輕鬆了幾天，然後又跟我談起她的暑假計畫，同時也細心研究著她的大學選課。當她跟我提起台北Princeton Review要她去面談授課事宜時，我告訴她這是她去大學前最後一個暑假了，我但願能把她留在身邊久一點，因此她改變了初衷，計畫在台南教英文。

她問我能不能在店裡和網站上幫她招生，我看了她寫的英文與中文授課簡介，決定以母親的身份極力為她推薦——不只是她的能力，還有她認真負責的態度。在Abby所設計的課程裡，相信她一路走來穩紮穩打、美好圓滿的學習經驗，能再度重現在其他孩子身上。

作為父母

愛的本質原本就是細膩的，
無論父親、母親，只要真心關愛，
必定不會遺漏掉孩子需要被關懷的心靈角落。
那個愛的鎖鏈在生命之初，已緊緊綁在親子的心中。

我的工作是母親

柔軟、堅韌、希望

母親必得是柔軟、堅韌的，
那是我們已有的天份，卻等待在生活中磨練的功課。

前幾天一位身邊的小朋友與母親發生衝突，是一個典型青春期的叛逆問題，親子雙方也都是典型的反應。

有好幾天，當我勸那位母親要寬心、一定要繼續努力時，我的心裡其實是十分難過的。因為我知道，當母親不是一件輕鬆容易的事。

我跟那位朋友說，要欣賞自己的努力，要想想她一路把兩歲的孩子獨力撫養長大，是多麼不簡單。孩子有孩子的困難，不要讓這個衝突成為一種模式；不要在衝突之後，不給自己跟孩子成長的機會。

有時候，當我對母親這份工作失去信心時，會想起一篇寓言。也許母親必得是柔軟、堅韌的，那是我們已有的天份，卻等待在生活中磨練的功課。

上帝創造母親時（一九七八年《讀者文摘》七月號）

上帝在第六天超時工作，創造母親，天使見了道：「祢為這一個可真花了不少時間。」上帝說：「你沒看見訂單上面的規格嗎？她必須完全可以洗，但不會變樣……有一百八十種能動的零件，件件可以替換……可以靠黑咖啡及殘羹剩飯過活……做下去有扶手，站起來扶手便不見了……一個吻能治癒一切，無論是斷腿或失戀都靈……並且有六雙手。」

天使慢慢地搖搖頭道：「六雙手？不可能。」

「使我頭痛的倒不是那些手，」

「而是母親必須有三雙眼睛。」

「標準模型上有嗎？」天使問道。

上帝點點頭。

「一雙能看透房門，問『孩子，你們在裡面幹什麼？』的時候，她早已知道了。一雙在腦後，看她不該看而必須知道的。當然，前面的一雙，在孩子有麻煩時，只要看著孩子，不必說話，便等於在說：『我很了解你，我愛你。』」

「上帝，」天使輕輕碰祂的衣袖說，「去睡吧，明天再……」

「我不能去睡，」上帝說，「我現已完成的這個，能在生病時自己痊癒；能以半公斤碎肉讓一家六口吃飽；還能叫九歲的孩子去淋浴。」

天使慢慢地圍著母親模型繞了一圈，嘆道：「太柔軟了。」

「但是很堅韌！」上帝興奮地說，「你無法想像這個母親所能做或忍耐的。」

「她會思想嗎？」

「不單會思想，而且能明理、能妥協。」造物者說。

最後天使彎腰摸摸模型的面頰道：「有一處漏水了。」

「那不是漏水，」上帝說，「是眼淚。」

「用來幹什麼的？」

「用來表示愉快、憂慮、失望、痛苦、孤獨和得意的。」

「祢真是天才。」天使說。

上帝憂悒地說：「眼淚倒不是我造的！」

用畫筆說話的小孩

家裡廚房的月曆留言板上，滿是Pony用圖畫提醒我們重要行事的記號。
我是絕不能不懂得「看圖說話」的母親；
錯過了圖外之意，就會錯過許多讀我女兒心思的機會。

對很多孩子來說，畫畫是一種「課外活動」或「才藝」；但對沒有特別學畫卻非常喜歡畫畫的小女兒Pony來說，畫畫是一種「生活語言」。

家裡廚房的月曆留言白板上，滿是她用圖畫提醒我們重要行事的記號。二月十八號那一欄有一個燭光搖曳的蛋糕，蛋糕上有「Pony」字眼的裝飾，提醒我們她就要長大一歲。學校游泳課的通知一到，她就在行事曆畫上兩隻姿態不同、準備下水的海豚。該給她的寵物大頰鼠洗澡清籠子的日子，欄上會有一隻表情可憐兮兮的倉鼠畫像。我是絕不能不懂得「看圖說話」的母親；錯過了圖外之意，就會錯過許多讀我女兒心思的機會。

Pony很小就展現她愛食物與廚事的性向。第一次有這樣的發現，是因為六歲的孩子把我在廚房做咖哩飯的步驟用四格漫畫全記錄了下來。這個習慣與溝通方式，因為不曾遭到拒絕，所以一直陪伴著她。她用圖畫來做功課——用圖畫來表示她的答案或搜尋到的資料，也用圖畫表達心中的想法。感謝老師總是給她非常大的肯定和鼓勵，讓她那一支用圖說話的筆從不寂寞。

因為喜歡畫畫，所以不管走到哪裡，Pony都特別容易結交朋友。七歲那年，她和姐姐在歐洲初嘗暑期寄讀的經驗，我在校外日夜擔心著。第一個會面日，她說起此行最大的抱怨，竟是小朋友老圍著要她幫忙畫畫。我問她：「那怎麼辦呢？」「我跟他們說：『你們應該讓我休息一下，我在曼谷的時候，同學們也一天到晚要我畫畫，我會累呢！』」我不禁為她小小的煩惱大笑起來。

我們常常為牆上的行事曆拍照、為她隨手畫下的「閒話家常」掃描歸檔。但最喜歡的是，有一次我告訴那年八歲的Pony，為什麼每一個人都要幫忙洗碗，那晚，洗完碗之後，她落筆留下她的想法。圖上著居家拖鞋與小熊圖案家居服、束著髮帶的小女孩，是初學洗碗卻盡心盡力的Pony，她畫下自己與認同媽媽教導的圖像，對我來說最是意義深重。

用筆說話的Pony剛滿十七歲，雖然已長成一位語言與文學底子都不錯的孩子，但以畫來表達心意仍是她的生活習慣，畫畫是她面對繁重功課最好的紓解。Pony十年級就修習大學生物課，是課堂中最小的孩子。生活科學資料繁多，而老師求好心切，為了要把美國的檢定考考好，不得不趕進度，一堂課九十分鐘要擠下許多內容。Pony說有時候大家真的累到要睡著，但她只要隨便在一張紙上開始畫畫，就可以再繼續專心聽講。我看著她密密麻麻的筆記或講義上東一點、西一點的小圖，真不知道她是如何分配自己的心思與左手的運用。

現在Pony在十一年級修習大學畫作練習（AP Studio Art）與大學藝術史（AP Art History），拜她之賜，我聽到許多關於畫的故事與知識。聽Pony溫柔的語聲、美好的遣辭用字，來訴說一位藝術家創作的時代背景與個人的心靈故事，無疑是我最大的生活享受。

Pony畫畫就像我的烹飪，創作帶給我們極大的快樂。不同的是，我有一大堆餐具，那些器具與我的創作產品緊密地聯繫，所以，我時常納悶Pony為什麼不會想要擁有一些美麗的畫具？她畫畫所有的媒材都由學校供應，老師總是給她非常高品質的材料，但在家中畫畫時，我從來沒有看過她拿一個像樣的調色盤或筆洗罐。她用一個花瓜玻璃罐洗筆、一個超市裝奇異果的透明盒蓋或一塊冰淇淋的保麗龍板當調色盤，這樣就能畫得不亦樂乎！

畫畫中的Pony，總有一份滿足愉快。
我想，每個孩子在生活中都應該有一項可以寄託情感的活動。
也許，我們不必以才藝來稱呼這些學習，
而應該正視他們與活動之間情感的流通與表達自己的力量。

自省之後的實作

＋當Pony沉醉在畫畫的世界裡，手上的工具就顯得不再重要，能得心應手的工具才是最佳利器。畫中所要傳達的意境遠遠勝過手上拿的畫具，即使是便宜、粗糙的顏料，也能呈現完美動人的畫面。——蔡秉憲

我很欣慰在這個急匆匆、亂轟轟只顧往前衝的世界，Pony對生活的態度常常是減法而不是加法。在同儕中，她擁有的裝備最少，卻從不曾要求或羨慕過別人。有一天我問她，沒有手機會不會覺得很不方便，她說：「不會！我看到有手機的人整天盯著螢幕等訊息，替他們覺得好累！」然後她反問我：「媽媽不覺得一個小小孩就帶著手機，看起來很可憐嗎？」雖然她生長在一個如此複雜物慾的年代，但是我相信她會以自己的步伐走出自己的人生。——**Bubu的回應**

＋很羨慕您的女兒，有您這麼棒的母親，同樣的，我也希望能像您教育孩子一樣地教育我的小孩，讓他像Abby和Pony一樣獨立、自主、樂觀、負責且享受學習的過程。自從看了您的書，我就不再阻止我那十六個月大的兒子把水洗蠟筆塗在自己衣服上了，反正洗得掉，不是嗎？期待Pony的其他畫作，加油！——Carolluo

＋Pony能無師自通畫出如此生動的畫，能告訴我是如何培養的嗎？我的小朋友目前小一，對畫畫很有興趣，看到大姐姐的畫很想向她學習，謝謝。——Mei

我並沒有特別培養Pony，因為小時候其實擔心她被訓練過度，反而失去自己的想法。但是等她長到十五歲，因為心智都夠成熟了，同時開始接受大量知識與技巧的訓練時，反而領悟得快，而且已經有能力捍衛自己對藝術的意見了。我一直都喜歡聽她說話，也許所謂的「培養」，我做的最多的是：聆聽她們對各種事情的看法。

——Bubu的回應

＋我記得Pony開始用畫寫食譜時，我想她只是因為太小，只能用畫記筆記，但我記得很清楚，Bubu很讚許，經常拿她的食譜給我們這些阿姨看，Pony的確從母親那裡得到許多鼓勵，直到現在。記得前些日子，Bubu還希望能讓Pony看我畫麵包的布景，這種對孩子所愛的重視，我感受到了，想必Pony也能領受，這就是孩子繼續下去的動力，不是嗎？——Alice

Dear Alice，我常常不知道要怎麼給孩子更多的愛，好像常常記得她們的好、看重她們眼光停留處的歡喜，就是我唯一能表達自己愛她們最好的方法之一。因為我記得小時候有多麼喜歡父母同樣的關心，那是我信心的基礎。——Bubu的回應

字條媽媽

相信「愛」不只是噓寒問暖；「愛」也不光是甜蜜的鼓勵和雙臂中的寵溺。
「愛」有時還必須懷著擔憂講兩三句別人不願意講的難聽話，
但在「愛」裡，就是沒有疑慮。

我是一個字條媽媽，除了苦口婆心之外，還兼寫電子信或留字條給孩子。放學的時間，孩子們除了在餐桌上可以看到一份點心之外，有時還會得到一張我留的字條；雖然當時我並不一定不在家。

前幾天，大女兒Abby就收到一張我給的字條，黑色的便條紙上用她喜歡的牛奶筆寫著——

Dear Abby：

早上媽媽進妳的浴室時，發現我昨晚教妳處理垃圾的方法，妳並沒有開始去做，媽媽得再說一次。

希望妳再好好把這兩個問題仔細想過：

1.衛生問題——個人衛生以及妳做不做所帶給環境衛生的困擾。
2.垃圾體積問題。
再提醒妳一次，能不能做到，「心意」是關鍵。早上再趕，也不差那一兩分鐘，對不對？體貼家惠姐姐一下吧！

媽媽留 早上8：30

每次給孩子們留字條時，我從不諱言我對她們的感覺，也相信小小的失望不會打擊她們的信心。成長的過程中，如果「不善不能改」，那父母的教導無異只是耳邊吹過的一陣風，我不鼓勵她們這樣做。因此，有些話在講完之後，我仍然寫字條，希望她們靜下心來好好想一想。存檔的文章則是要給她們長大時再看一次——如果照片留下了她們身體成長的記錄，那這些文章則為她們的心靈成長留下寫照。日後她們都要當媽媽，也許有一天，她們也會有回憶自己童年經驗和再一次體會父母用心以求得力量的需要。

在陪伴孩子時，我總是細細叮

從生活中叮嚀孩子尊重環境、體貼他人，是我給她們惜物愛人的教育。

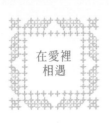

嚀，叮嚀細細——「要替別人想喔！」「要想到別人喔！」擔不擔心孩子嫌我煩？曾有朋友這樣問過我。不怕！在每一次寫完字條的時候，我都好好看過一次，也都仔細想過自己所寫下的話。

相信「愛」不只是噓寒問暖；「愛」也不光是甜蜜的鼓勵和雙臂中的寵溺。「愛」有時還必須懷著擔憂講兩三句別人不願意講的難聽話，但在「愛」裡就是沒有疑慮。當我寫下一張又一張的字條時，我確信孩子們也會同樣懂得媽媽叮嚀中的愛和期待。

一位父親的信

父母親能給孩子的，不是讓太陽為他升起，
而是以自己努力生活的身影與愛，為他建立信心。
這樣的孩子無論在如何黑暗困難的日子裡，也會看見遠處或有的光亮。

在一場分享會中，大家問到親子教養的責任裡總是聽到「媽媽」的聲音、「媽媽」的工作，難道爸爸就不重要嗎？我記得自己回答：父親和母親在教養的意義上是一體的；事實上，對我影響最深的一位教養榜樣，是父親而不是母親。因此，我找出這位父親寫給孩子的書信，希望跟大家分享幾年前我讀到這些片段的文字時，心中的感動與震撼。

我在這些書信之中學到，教育沒有時間上的「時髦」或「落伍」、也沒有「父嚴母慈」這種界分，真正的愛是與時俱存的。誰能相信，一位一百多年前的中國父親可以如此溫柔、牽掛、坦白；可以用這樣的語氣、這樣的思維跟孩子談學習、談人生。

以下的文字是錄自北京清華大學出版社簡體字版的《梁思成　林徽音　與我》這本書，書中除了記錄梁氏夫婦的學術研究之路，也有部分家庭故事，字裡行間有我非常心儀的教養氣息。

一九二四年，梁思成和林徽音同去美國費城的賓州大學建築系學習，當時建築系不招收女生，林徽音報讀的是美術系，但選修建築系課程。梁思成對當時的折衷主義深感保守而困擾，也對模仿的學習方法感到懷疑，他把這種擔心告訴了父親，父親回信說：

> 你覺得自己天才不能符你的理想，又覺得這幾年專做呆板的工夫，生怕會變成畫匠。你有這種感覺，便是你的學業在這時期內將發生進步的象徵，我聽到歡喜極了。孟子說：「能與人規矩，不能使人巧。」凡學校所教與所學不外規矩方面的事，巧則要離開學校才能發現。規矩不過求巧的一種工具，然而終不能以此為教、以此為學。……
>
> 關於學業，我有點意見。思成你所學太專門了，我願你趁畢業後一兩年，分出點光陰學些常識，尤其是文學或人文科學中之某部門，稍微多用點工夫。我怕你因所學太專門之故，把生活也弄成過於單調。
>
> ……我是學問趣味方面極多的人，我之所以不能專職有成皆在此，然而我的生活內容異常豐富，能夠永久保持不厭不倦的精神，亦未始不在此。……我雖不願你們學我那泛濫無歸的短處，但最少也想你們參採我那爛漫向榮的長處。
>
> 我這兩年來對我的思成，不知何故常常會有異兆的感覺，怕他會走入孤峭冷僻一路去。我希望你回來見我時，還我一個三、四年前活潑有春氣的孩子，我就心滿意足了。這種境界，固然關係人格修養之全部，但學業上之薰染陶熔，影響亦非小。因為

我們做學問的人，學業便占卻全生活的主要部分。學問內容的充實擴大與生活內容的充實擴大成正比。……

這些話許久要和你講，因為你沒有畢業以前，要注意你的專門，不願你分心，現在機會到了，不能不慎重和你說。你看了這信意見如何，無論校課如何忙迫，必要回我一封稍長的信，令我安心。

雖然梁啟超先生非常細緻地掌握每個孩子的特點，因材施教，對每個子女的前途都有周到的考慮和安排，但又不強求他們一定按照自己的意圖去辦，而是反覆討論。他的第六個孩子——女兒梁思庄，是著名的圖書館學專家，在進入大學前，梁啟超曾以他的遠見卓識看到生物學對社會發展的重要性，於是建議思庄學習現代生物學。但思庄對生物學沒有興趣，她把苦惱告訴二哥思成，梁啟超知道後立刻寫信給思庄：

教育沒有「時髦」或「落伍」、也沒有「父嚴母慈」這種界分，真正的愛是與時俱存的。

庄庄：

聽見妳二哥說妳不大喜歡生物學，既然如此，為什麼不早同我說。凡學問最好是因自己性之所近，往往事半功倍。妳離開我很久，妳的思想近來發展方向我不知道，我所推薦的學科未必合妳的適，妳應該自己體察做主，用姐姐哥哥當顧問，不必泥定爹爹的話……我很怕因為我的話擾亂了妳的治學之路，所以趕緊寄這封信。

我在這本書的後半部又讀到林徽音與梁思成的女兒梁再冰的憶述，記的是他們在李庄生活的艱難歲月，雖然父母親貧病交加但精神極為強大，文字中有許多感人的親子情。

讀這些書信時，我又一次體認到，父母親能給孩子的，不是讓太陽為他升起，而是以自己努力生活的身影與愛，為他建立信心。這樣的孩子無論在如何黑暗困難的日子裡，也會看見遠處或有的光亮。

堅定的溫柔

堅定的溫柔是每一位父親的天性。
一個父親所能給予孩子的情感既廣又深，
我所認識的好父親，都是既有生命大方向感，又有生活細膩感的胸懷。

在壢新醫院的分享會後，我把自己心目中的一位好父親——梁啟超先生介紹給大家。把一個人當成教養榜樣，有時候是因為他智慧的言語啟發了我，但更多時候，是因為讀到他為子女做了什麼，而不是他對為人父母之道發表了大理論。

親子的相處，是在非常自然的狀況下才能產生真正有影響力的互動。父母親無法抓住一個綱領準則，就成功地教育出一個好孩子。當生活一天天累積，親子的生命影響便以每一個真實的點，慢慢累積出一片有力量的面。我們總得在實踐了愛之後，才會有教養心得能與人分享。

我非常喜歡林肯先生，想跟大家再次來認識這位好父親。雖然我們都非常清楚，作為政治家與領導者的林肯先生是怎麼樣的一個人，但我要分享的是，我所讀到的「父親」林肯。我去翻書架上那本非常舊的小書《林肯父子》，裡頁寫著「一九八二年六月十二日購于南一書局」，但書裡的內容是更早之前，我已在家裡訂閱的《今日世界》雜誌中看過一部分。我非常、非常喜歡這本小書，在書裡用鉛筆劃下許多深有感受的字句。也許是因為很早就讀了這本書，林肯作為父親那種堅忍、寬大、深厚的愛，讓我相信一個父親所能給予孩子的情感既廣又深。我所認識的好父親，都是既有生命大方向感，又有生活細膩感的胸懷。

這本小書描述了許多林肯與小兒子泰德相處的可愛小故事，我把其中兩個節錄出來與大家分享，也許我們可以從中讀到林肯先生如何以愛來實踐他的身教與言教。

泰德十歲生日時，他的父親給他一匹小馬，並且帶他到約瑟．胡將軍的總部去。五天後，泰德因為對那匹新馬念念不已，開始想家。

「泰德，」他父親終於說：「我跟你來個君子協定。要是你肯在我們準備回去前不鬧著回家，我就把你那麼想要的一塊錢給你。」

那孩子答應了，可是始終暗示著能回家多好。最後到了上船返回華盛頓時，總統從口袋裡掏出一塊錢，端詳著泰德。

「現在，泰德，我的兒子，你自己想想是否有資格拿這塊錢？」

泰德低頭看著地，不出聲。「那麼好，我的兒子，」他父親把那塊錢給他，「我雖然認為你沒有守約，可是我卻不失信。無論怎樣，你都不能怪我不守信。」

畫家卡本特深深領會到林肯管教兒子的方法。他在白宮曾經居住六個月，繪一幅以林肯解放農奴為題材的畫。泰德那時候有一個自己的小劇場，是他求他的朋友傑姆替他造的。卡本特打算用這個小劇場當他的暗房以沖洗需要的照片，而且已經把一些器材擺放在裡邊。泰德發現之後，大為震怒。

他把門鎖上，對卡本特說：「你們不能隨便使用我的房間。」倆人並同到總統的辦公室去。

「泰德，」他父親說：「去把門打開。」

泰德不肯，氣沖沖地走出去。卡本特跟著走出去，求他開那房門，但泰德堅持那是他的房間，沒得到他的允許便沒有權利使用。

卡本特回去見總統，林肯於是站起來去找他的兒子。

幾分鐘後，他便帶著房門的鑰匙回來了。他替卡本特開門，並解釋說：「泰德是個怪孩子。我到他那兒去的時候，他氣得不得了，我說：『泰德，你可知道你在給你的父親添很多麻煩。』他哇地一聲哭起來，立刻把鑰匙給了我。」

誠如很久以前，林肯在他這淘氣小蝌蚪搖頭擺尾地不斷惹禍時所說的：「愛是使一個孩子與父母相依為命的鎖鏈。」揍一頓屁股會使那孩子咬牙忍痛；提醒他給父親添麻煩的一句溫和的話，卻使他淚如雨下、乖乖聽話。

在外出的分享會中，總有父親提到教養工作中細膩的部分不適合自己，是否該歸屬母親。我希望能藉著梁啟超先生與林肯先生親口對孩子說話的言語，來改變這樣的自我限定。堅定的溫柔是每一位父親的天性。愛的本質原本就是細膩的，無論父親、母親，只要真心關愛，必定不會遺漏掉孩子需要被關懷的心靈角落。那個愛的鎖鏈在生命之初，已緊緊綁在親子的心中。

註：泰德（Ted）這小名是從Tadpole（蝌蚪）縮短而來的。

在從三峽回台南的車上寫了這篇文章，
突然想到如果能配上一張林肯的畫像多好。
車過台中時給Pony打了電話，
回到家裡看到她已畫好放在我的桌上。我很喜歡！

哺乳動物

不論我們自己餓或不餓，但時間指向該吃飯的刻度時，
哺乳動物的原始情感便促使我們放下一切去張羅一餐，
為的是等著看孩子從餐桌上抬起頭來，給我們一個嬰孩般的快樂眼神。

Abby從費城回來，這幾天我們一起做晚餐或飯後清潔廚房時，總是談到家事的問題。時間過得多麼快，她已經是大三的學生，要讀書、要工作，還要在生活裡動用所有的感官與心思來享受自己喜歡的種種事物與人際關係。

她說今年常下廚，因為那是課業與工作最好的情緒轉換。為自己做飯時有一種專注，有時候跟朋友一起下廚，又是不同的樂趣。

我跟她說，自從寫了《廚房之歌》，我似乎總在宣導家事的好處，但說了又說之後，不禁覺得，這是說起來最簡單、卻不容易被歡欣執行的觀念。除非，一個人真正感覺到這份能力帶來的是一種全面性的好處，讓它為每一天效力、整合出自己的生活風格；否則，當它被切割成「做菜」、「打掃」或「洗燙衣物」時，我們很難相信做與不做之間，生活品質會有多大的差異。

我想起在台南家第一次實作導讀的場景，那天是後甲國中的幾位老師來參加。實作導讀的晚餐進行得很愉快，談到照顧孩子的時候，我才知道主辦活動的雅慧老師有兩

個小孩，一個三歲、一個一歲多，兩個都還在餵母奶。雅慧老師跟我們分享這幾年的餵哺經驗時，有一段話烙進了我的腦海，在燭光中盪起了許多愛的回憶。

「每次我把兩個孩子一起抱在懷裡餵奶時，總會看著他們，當他們也抬起眼睛看我的時候，真的好可愛！這種時候總會讓我想起『哺乳動物』這個詞。」雅慧老師很瘦很瘦，為了餵孩子吃母奶，餐盤中堆了滿滿一盤的飯。平日要上班，所以她得每天把母奶擠出來。繁雜的工作不少，但是當她眨動大眼睛，模仿著孩子從懷中回看她的眼神時，我可以感覺到，再麻煩的工作對這位母親來說，換來的完全只有滿足，她是沒有心思去感受那份工作同時帶來的麻煩的。

那晚之後，「哺乳動物」這個詞常常浮上我的腦海，我體會到這四個字在餵養動作中所代表的愛與責任。從斷奶之後、孩子離開懷中那一刻起，哺乳的情感變成了更複雜、纖細的表達。不論我們自己餓或不餓，但時間指向該吃飯的刻度時，哺乳動物的原始情感便促使我們放下一切去張羅一餐。我們從自體生產轉變成用手創作各種食物來換取同樣的滿足，為的是等著看孩子從餐桌上抬起頭來，給我們一個嬰孩般的快樂眼神。

我記憶中有一個難忘的黃昏，緊緊牽連著哺乳動物強烈的責任感。即使當時我才小一，也能清楚記得二姨媽得癌症的消息傳來的那個黃昏，剛工作完的母親，是如何在昏暗的廚房中邊哭邊為我們做晚餐的情景。

　　外婆在母親十七歲時過世，長她八歲的二姨媽對她來說是另一個母親、是她青春期中最大的倚靠。雖然我當時很小，但是媽媽因為傷心，完全無法控制自己哭了又哭的景象至今還在眼前。我很難過也很害怕，覺得生活中出現了一個災難，連一向守護我的父母都感到恐懼。可是母親還是做了飯，她沒有放下我們不管，讓傷心淹沒那天的生活。即使那晚的餐桌不復往日的快樂，但對一個孩子來說，如常穩定的生活節奏，使不安的感覺降到了最低。

　　因為孩子日漸成長，父母親可以在餵養工作中加入更多的情感與意義。我喜歡盡自己的所能給家庭穩定的衣食與乾淨美好的空間供應，因為，挖空心思在廚房工作、烹調食物，滿足了哺乳動物最基礎的情感。

當孩子意猶未盡地啃著一塊糖醋排骨的時候，
每個母親都被喚起了哺乳動物最原始的情感。
愛，使孩子感到生命的豐足，
當我們不能抱他們在懷裡哺乳之後，
就用更勤奮的雙手繼續照顧與餵養。

在變動中學會安定

十幾年來，我從不曾奢想能在一個地方久居、有一份所謂「安定」的工作。但我從這些變動中卻學到一種相對的安定——無論身處何地，生活都要有重心，每天都要盡心過。

有一些讀者對我的生活感到疑惑，明明聽到我常常東奔西跑，卻更常聽我談「安定」，這兩者顯然是一種衝突，終於有讀者對我發出疑問的聲音。

Bubu：

一直有個疑問想請問您，是什麼原因讓您願意「總是為了工作不斷離開家」？從您的文章中可以感受到您很重視家的感覺，但不斷離開家似乎和這樣的感覺有些些違背，會不會讓孩子很沒有安全感？

我曾經在國外念過幾年書，跟我先生（當時的男友）交往也一直是聚少離多，對我來說，「生離」那一剎那真的是很難承受，不管是跟家人或是男友，相聚後要分開那幾天常是眼睛哭得腫腫的。所以畢業找工作或有重大決定時，必要條件就是一家人要在一起。看了您的文章，我不禁反省將來有重大決定時，這個標準是不是該繼續存在？是不是我自己太軟弱了？

wen

下午，我利用了一些時間來回答問題，也回顧自己當母親的成長之路——

Dear wen：

不斷離開家違背的不是「重視家的感覺」，而是違背不能與孩子時時刻刻相守的夢想。我十二歲就離家到很遠的城市去住讀，那種對父母濃烈的思念與遠離家庭形式的失落，使我對自組小家庭的一切更有夢想與堅持。

一九九六年，我頭一次面對生活中不能不有的選擇。當時，我可以決定帶著孩子在台南繼續我那發展得很不錯的小小事業，也可以選擇捨棄。為了讓全家人相聚，在丈夫去曼谷後的三個月，我放棄了經營成大醫學院的簡易餐廳，把本店託付給童年最好的朋友，然後帶著兩個沒有學校可念、完全不會說英文的孩子離開台灣，到曼谷與丈夫相聚。

託付給朋友的店很快又回到我自己的手中，因為美卿舉家北遷，店的經營還是得由我親自安排、遠距指揮。因為夫家還有事業在台南，於是十幾年來，我與丈夫輪流

不管是一盆花或一盞燭台，我總在變動的生活中，
以小小的愉快來確認生活安定的感覺。

回來時，除了照顧自己的店，多少也能代他處理一些雜事。婆婆病倒那兩年，我終於了解，生活中一個個類似這樣的問題與無法預知的變化一定會接繼而來。我們所要面對的不只是工作或夢想，更重要的還有人生的責任問題。

兩個孩子都很獨立也知道用功，所以很多人都問我，為什麼不把她們送到美國的prep school去，這樣不就可以解決孩子的教育問題，也可以自由來去衝刺事業了嗎？面對孩子要不要外送就讀的問題，我心中抱著只需理解卻不需嚴格討論對錯的心情。

因為我相信送與不送的父母，心中都有許多合理的考慮與痛苦的掙扎。

十幾年來，我從來不曾奢侈地想過自己能在一個地方久居、有一份大家所謂「安定」的工作。但是我從這些變動中卻學到一種相對的安定——無論身處何地，生活都要有重心，每天都要盡心過。

我很羨慕在孩子成長的過程中能每天陪伴身旁的母親。我不是專職母親，因此深刻懂得無法如此的心情，也進而了解母親所應該面對的時間管理。我學會在自己不得不離家的時候，留下許多「母親」的味道——食物、花、居家布置與共讀的功課；我更學會要珍惜與她們相處的每一段寶貴時刻，積極教導她們體驗生活。簡單地說，那就是在我自己的條件中，做個盡心盡力的母親。

我不會用「堅強」或「軟弱」來評比一位母親對生活的選擇，因為大家的生活條件都不盡相同，而既有的生活概念更影響我們的選擇。我只知道「需要」與「想要」都能使人堅強，而我的成長中，一直有這兩種因素的前導。

在我們這麼變動的家庭中長大的孩子，會不會特別沒有安全感，由我來說並不準確。我想那是要由曾經與我的孩子接觸、深刻認識她們之後的人來回答才客觀。我只能說，安全感或許並不是無憂無慮的態度，而是相信自己有能力面對問題的信心。我但願Abby與Pony在某一種程度上已擁有這樣的信心，更願意她們帶著這樣的信心繼續成長的探索。

自省之後的實作

生老大之前，曾面臨是否要工作或當全職媽媽的考慮和掙扎，最後我選擇了在家當全職媽媽。我並非如Bubu學姊為著夢想的想要、或是責任的需要，必須常離家工作，我只是和大多數人一樣，會在孩子還小時離開他們去職場奔馳，單純只為了糊口或提升生活品質。在我的觀念裡，全職媽媽和在職媽媽是一種生活型態的強烈對比，從一些數據和說法可以得知，由全職媽媽陪伴的孩子，在各方面都相對出色。這或許是一種根深蒂固的迷思，如此催眠著我，我從未想過會有一個媽媽，在兼顧家庭、教育、工作、夢想的情況下，能夠各方面表現出色、且成就非凡，這給了我很大的衝擊。

Bubu說：「不斷離開家違背的不是『重視家的感覺』，而是違背不能與孩子時時刻刻相守的夢想。」與孩子時時刻刻的相守，不就是我選擇做全職媽媽的初衷嗎？但我是否也忽略了一些重要的點，就是——重視「家」的感覺。是的，我天天與他們同在，但我是否給了他們足夠的「家」的感覺？看到Bubu對家的珍惜與夢想，她做了一個最對的堅持，就是讓家完整、讓家像家。在諸多忙亂中，也不能忽略對家的經營和投入，特別是我的丈夫。有了孩子後，丈夫就退居幕後，他睡覺的位置也被孩子佔據了。我憶起一本書曾說過：「孩子不是家庭的中心，孩子是家中受歡迎的一份子。」這喚起我對家的重新定義，也教導我在可以專職做媽媽的現階段，該要如何感覺如何活。

我家也常處於不安定的狀態，結婚八年搬家七次，在不斷的變動中、常不知何去何從的不安定感中，我早已習慣，但也早已失去對家的經營，一切減的不能再減，特別是對於食物、對於餐具、對於一切可以帶給一個家美好感覺的東西，多年下來，都葬在我夢想的深處。謝謝Bubu學姊，字字句句一再喚醒我沉睡的心靈，喚醒我要有的生活重心。雖然變動，但我也可以找到屬於自己的安定，找到家的感覺，找到做母親應有的味道。——Sincedebbie

＋親愛的Bubu，過了農曆年我就要回歸工作了，回想這二年八個月的育兒假，真是感謝各方支援才能順利度過。當了媽媽也未必會做媽媽……是到目前為止的心得啦。最近妹妹時常說的語例：㈠媽媽妳不要在我旁邊！㈡妹妹去上學，放學媽媽來接我。媽媽要拿皮包ㄛ！（意指媽媽要像個上班族）受創中赫然發現，獨立是一種本能，襁褓中的小嬰兒總有一天會大到要試著展翅，原來很放不下的我現在豁然開朗。

佛洛依德形容顯像的意識是實際心像的一小部分，就像極地冰山可見部那麼微小；但看不見、無意識的那部分運作卻是很複雜的。當外在價值觀告訴妳應該當個盡職好媽媽，妳極有可能壓抑著潛意識中想去夏威夷當隻海星的慾望，所以妳會更加有意識地提醒自己我要當好媽媽。但那並不是妳想要的，所以妳會覺得很疲倦，因為鍋鏟和海星日日夜夜都在打架。我在Bubu這裡學到了不要怕改變，也許那才是我需要的。——璟臻

＋我從前是個職業婦女，但會在特別的日子裡精心布置餐桌，好好準備一份晚餐。小時候母親為了節省家庭開銷，每天都在家開飯，特別的日子就有特別的加菜。美好的回憶像一顆種子埋在我心裡，工作忙碌的我只能盡可能花一些時間，去片段地實現這樣的生活。我很驚訝孩子有一天和我分享他的感受，我想同樣的種子已經灑在他的心田。現在

的我是個全職主婦，反而體驗到能日復一日持家，竟比上班還不容易。我想說的是：信念是付諸行動的基礎，不論是忙或不忙、在家或離家，媽媽就是這個家的靈魂人物，從容地扮演這個角色、用心的安排，幸福就會好好跟著妳。——Mimihuang

＋最近我們家也有可能會因為先生工作的轉變，需要帶著年幼的孩子離開台灣，在外地生活，這使我頗感衝擊。雖然我反覆讀著「媽媽書」，不斷告訴自己，這些都是未來我更需要努力的方向，但心情難免有所起伏。我很希望知道，當一九九六年，BuBu頭一次面對生活中不能不有的選擇時，妳是如何面對未知的呢？——Belinda

回頭看，我很慶幸自己曾有過那麼多在每一個階段不得不面對的難題，那的確是使我們一家人都堅強也積極最大的原因。安穩固然是一種值得羨慕的生活，但是變動中也一樣有聲有色。用珍惜的心去迎接妳將要面對的轉變，在變動中訓練妳的心，如果妳能安定，全家人都會因此而受惠的。昨天，我才跟媽媽談到Abby去美國這兩年多，連我這個母親看了都要心生佩服。我覺得她之所以如此堅強，是因為一路受了許多挫折。那些挫折來的早，但因為總是努力克服，對人生的看法自然不同。如果妳有變動，祝福妳好好把握所能運用最好的一切。——Bubu的回應

＋看了Bubu姐的文章，讓我更擁有當全職媽媽的勇氣，也更珍惜現在陪伴一歲九個月的寶貝成長的時光。但今天我接到情同母親的阿姨電話，聽她啜訴著從小細心呵護的女兒及兒子，現在卻讓她傷透了心，讓我也跟著難過了起來。我不懂表哥和表姐為何要讓母

親這麼難過，我更不懂的是阿姨絕對是用愛來灌溉他們的，為什麼卻得到這樣的對待？Bubu姐，請原諒我的失態，我只是想到我這位不識字的阿姨從以前到現在的辛苦，以及處處為小孩著想的用心，現在卻是如此的受傷，就忍不住難過起來！——譯

＋Dear譯，我猜阿姨的傷心，除了令妳不捨，也引發妳對母職的懷疑不安。我想提出我的小小理解，供妳思考何謂「愛」與「付出」。我認為所謂的愛，自當是給者歡欣、受者愉悅，若當中有一方是勉強的，那就變成壓力了。面對這樣的壓力，生物本能會讓我們想盡辦法逃開。有時母親們免不了會陷入「為你好」的迷思，但真的必須常停下來自問：自己的「付出」真是對方需要的嗎？自己的「小心呵護」有沒有一廂情願？對方真的理解你的用意嗎？也許阿姨與表哥表姊在這當中彼此都漏失了什麼，但義憤填膺絕對不是妳能為阿姨做的最好聲援。如果妳能安靜傾聽並陪伴，才能真正讓阿姨重新感受「愛」的力量，也時時提醒自己如何「給」得恰好。——一起在努力學習的Maggie

Dear譯，我想Maggie已經說了我大致要說的話。我常覺得人類最特別的是有「責任心」，所以我們永遠不會因為看到某些白白的付出，而覺得盡心盡力是沒有意義的。養育出好的子女雖然是每一對父母的心願，但我們不是因為得到這樣的承諾而行動。妳阿姨雖然傷心，但她是無愧的。我自己覺得，父母的職責只在如此。孩子有孩子的成績單，父母有父母的。我們當了父母，一方面對為人父母的功課盡心，一方面為自己的人生功課盡力，這樣就很好！——Bubu的回應

＋BuBu，我深深能理解責任的意義，但在工作、朋友和家庭的責任，以及兼顧自己本身（或許是夢想）之間，應該如何平衡呢？面臨事情到來時，總是難以抉擇，妳可以盡心自己的工作、也能兼顧家庭及朋友，這需要很多的配合及接受嗎？——Nana

Dear Nana，能完成夢想，當然是因為很多人的祝福與配合，但是在另一種意義上，我們也是成全別人夢想的人。所以，家人要互助、扶持，這樣每個人的夢都可以完成。我盡量不讓自己感覺兩難，如果需要放棄一件事來完成另一件，我就使自己的眼光停留在那份選擇與決定的好與意義之上。——Bubu的回應

用心了解小小孩

父母如果透過仔細的觀察與思考，
一定能懂得孩子從語言或肢體中所要傳達的心意。
不要對孩子有不符年齡的期待，也不讓他們有不符年齡的依賴。

離開新加坡往曼谷去的中午，我們在烏節路一家地中海餐廳用餐，一進餐廳就看到一張大長桌上圍坐著六個母親，每人的身旁都有一個坐在兒童椅上的寶寶。座中的媽媽是五個西方人和一個印度人，因為寶寶的年齡看起來都差不多在一歲上下，所以我猜想，她們也許是同在一家醫院生產而認識的朋友呢！

遠遠看著那些媽媽們吃得愉快、談得愉快，而寶寶們也真乖，各自抓著母親輪流供應的玩具玩，不哭也不鬧。

我們大概花了一個半小時把正餐吃完，等著甜點上桌。突然有個寶寶開始輕輕哭鬧了起來，幾個媽媽忙著遞水、塞奶嘴、送玩具，寶寶卻仍然在掙扎，拒絕母親所提供的任何東西。起先是一個寶寶，然後又多了兩個。媽媽們很有默契，哄孩子的工作互相支援得很好。

Pony看了覺得很奇怪，她問我們：「寶寶哭鬧會一個傳染給另一個嗎？」我還沒開口，就聽到Eric對女兒說：「他們其實是睏了！小小孩是不能在外面這麼久的，現在都兩點了，他們比我們早到，Baby一定都累了。」然後，我聽到爸爸未雨綢繆的教導真是語重心長，他說：「Pony！以後如果妳當媽媽，要非常注意孩子的作息。妳跟姐姐小的時候，我們很注意妳們有安定、安靜的生活。」

離開餐廳後，我們先送Pony去朋友家，然後前往樟宜機場。雖然飛機抵達曼谷時是晚上八點，但進入市區安頓完旅館再出門用餐，時鐘已經快指向十一點了。

與我們隔桌而坐的是一個西方家庭，或許是因為出門旅行中，他們也這麼晚才用餐。與父母同行的是個三歲左右的小女孩，一頭捲髮，非常可愛。她看起來已經非常非常睏了，手摸著桌巾，累得精神都有些恍惚的感覺。用餐間，不知道為什麼，我聽到孩子哇一聲哭了起來，一抬頭馬上看到慌張的爸爸伸出手摀住孩子的嘴巴，然後急急站起來把她抱了出去。那母親雖然繼續進食，卻不安心地頻頻回頭，尋找那對遲遲未歸的父女。

在同一天跨過兩個國家，我所看到的是同一種專屬於父母的「限制」——因為有了孩子，所以我們總是不能隨心所欲、自由自在。而在過去的二十一年裡，這種「限制」也是我自己的生活實況。

對我們來說，「限制」之所以能成為一種甜蜜的負擔，完全是因為理解——理解「成長」的過程需要「一定」的時間，無法因為我們的需要而跳躍。

因為理解一歲多的小小孩不能跟母親一樣聚會三、四個鐘頭還不累，所以再歡樂的聚會，該結束的時候一定要結束。

因為理解三歲的孩子無法精神愉快地陪父母十一、二點還在燭光下喝紅酒，所以親子旅行中無法盡興的探索也毫無遺憾。

不同階段對孩子的「了解」，成了我們愛孩子最大的力量來源之一，也成了我們調整對孩子期待的自我檢視。

我不知道當歡歡要爸爸抱抱時，他的心理或身體需要的是什麼；但是，我相信父母如果透過仔細的觀察與思考，一定能懂得孩子從語言或肢體中所要傳達的心意。

不要對孩子有不符年齡的期待，也不讓他們有不符年齡的依賴。

這就是我透過「了解」做了二十一年的教養功課，也是我想與年輕的父母們分享的心得。

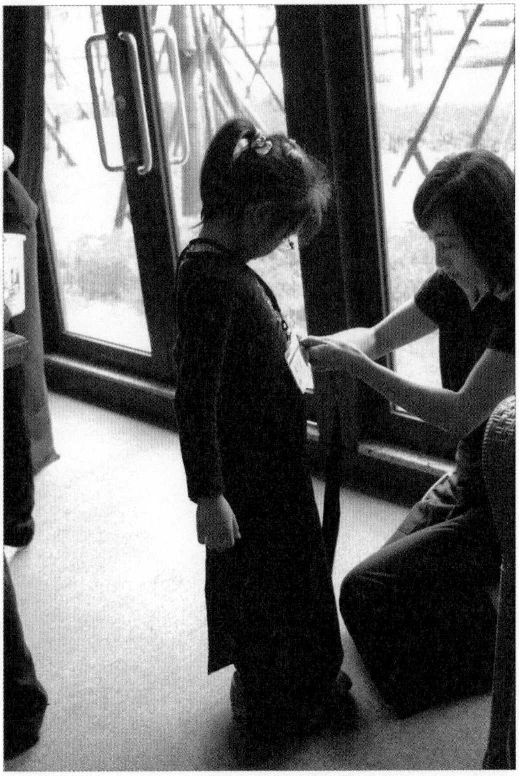

我永遠從經驗中的回顧來了解小小孩。
如果我們彎下腰來為他們做事、跟他們講話，
在那個齊高的世界裡，就不會常常有不合理的期待。

【補記】

有位爸爸寫信問我，他們兩歲的孩子歡歡常常在登山的時候要爸爸抱抱，他很想知道，要怎麼教孩子，才能使他們在戶外活動中像平日那樣地獨立。

當我讀信的時候，心中很有感觸，覺得「兩歲」畢竟是很小的年齡，父母要的那份「獨立」，在我想來應該很不容易吧！所以，我寫了〈用心了解小小孩〉這篇文章來作為回答與分享。

文章貼出後，有媽媽問我：「不要對孩子有不符年齡的期待，也不讓他們有不符年齡的依賴。這到底是什麼意思？」

也許這個簡單的例子最容易說明——

要小小孩陪爸媽逛街，或一次活動幾個小時不哭不鬧或不困乏，在我看來，就是不應該有的期待；讓一個十幾歲的大孩子坐在沙發上看電視，等你做飯給他吃或等你催促做功課，就是不應該有的依賴。

父母要隨著年齡對孩子有正確的期待，才能給予適當的教育與合理的訓練。而這種「正確」也代表著，孩子在一步步脫離不應該有的依賴。

我相信，真正的獨立與成熟，都得這樣慢慢地開始。

自省之後的實作

＋最近跟一個新手媽媽分享育兒經，她覺得家中有個新生兒，哪兒都不能去，太犧牲了，肚子裡滿是抱怨。其實當初我也經歷過不能隨意與姐妹喝茶聊天、不能自在到賣場逛街，甚至連愛吃的生魚片也戒了，一切都是為了我們家的妹妹。現在女兒一歲六個月了，笑的時候好甜好甜，有時會想，那段要去適應女兒的日子好短，現在好怕她長得太快，我會來不及看到她可愛的樣子。只要這樣想，就不覺得是犧牲了。這一篇文章，我會拿給那位媽媽看，希望她可以找到她要的答案。——Nuhai

＋生活中的忙碌常令我想跳脫，總以為孩子慢慢長大了，她應該懂得獨立的事，就不需要再請父母代勞。誠如Bubu姐說的：「不要對孩子有不符年齡的期待。」或許，我自己對孩子的要求與期望太高、對孩子的需求與了解不夠。其實我的孩子最想要的是媽媽能夠陪她玩，多麼單純啊！平日睡眠時間很長的大女兒，遇到朋友帶年齡相近的小朋友來訪，也會特別要求我提早叫她起床吃早餐，為的只是想和喜歡的朋友有更長的玩樂時間，看到她的轉變，也令我動容。——Christina

＋親愛的穎卿老師，看了妳的文章和網友們的回應分享，讓我頗有當頭棒喝的感觸。時常全家出遊總是敗興而歸，原來是我不了解孩子們已經累了而情緒不穩定，或是只看到她們好像不想回家的表象，而讓她們繼續玩。希望自己別再做錯事了（情緒不穩定、對孩子有不符年齡的要求……）。——Posu

阿公與被被

每個大人都很期待孩子有解決問題的能力，
但解決問題之前必須擁有的判斷力，我們卻常常不允許孩子表達；
或者，根本沒有注意過他們智慧的選擇。

有一天跟Pony在路上看到一個剛剛學步學語的小朋友，由阿公阿嬤帶著，嘴裡咬著奶嘴，祖孫之間親愛的哼哼唧唧、牙牙學語非常可愛。

他們在路邊的長椅上小憩，我們忽然聽到那孩子可愛的聲音由笑轉哭，原來他急急邁出腳步要去找剛離開的阿公，阿公可能去買個飲料吧！我聽到他的阿嬤一邊拉著那個非常急切的小人兒，半哄半勸地轉移他的注意力說：「阿公一下子就回來了，我們在這裡等，要不然你的小被被會被人家拿走喔！」他一聽到小被被的事，哭聲一下就止住了，腳步還在往阿公去的方向移動，頭卻情不自禁地回轉看向他那條小被被，那種顧前卻顧不了後的猶豫之情，在一個小小孩的身上顯得既可愛又可憐。

他考慮了一下又哭了起來，腳步還是決定追隨阿公的方向而去，阿嬤實在有些抵不過他迅速扭動的小蠻力，更加認真地提醒他那條小被被的重要，以及被別人拿走的可能。從那孩子魚與熊掌都想兼顧的心情，可以猜想得到他有多愛那條被被，又有多愛他的阿公。

雖然只是一個大約一歲半的孩子，但是我卻對他擁有判斷力很有信心，我跟Pony說：「他一定會先回去拿他的被被，再去找他的阿公。」果然，阿嬤第二次的警告已引發他足夠的憂慮，幾秒之間，他做好了決定，拖著阿嬤的手回頭走向長椅，拿到被被後開心地笑了起來，感覺完全地放心。他的阿嬤也放下心，以為找到一個很好的方法讓他安定了下來，正準備好好坐下時，孩子腳尖一旋，立刻要再啟程去找阿公。

看到這一幕時，Pony跟我談起她上學期在心理學AP課上討論過Gibson and Walk's Depth Perception Experiment。在這個實驗中，可以看到六個月的嬰兒已經有判斷力。他之所以不敢爬過看似危險但其實非常安全的玻璃走道，是因為與生俱來的判斷力，而不是被教導後得到的警惕；同樣的能力在小羊、小雞的身上，科學家也都經由實驗而證明。

跟Pony談到這一段的時候，我想到每個大人都很期待孩子有解決問題的能力，但是解決問題之前必須擁有的判斷力，我們卻常常不允許孩子表達；或者，根本沒有注意過那種智慧的選擇。因為時間有限、因為情況不允許，我們習慣以自己的判斷為最高指標應付過去或強行改變，於是很少觀察到孩子身上微妙卻神奇的能力。

為什麼我能猜中這個小小孩的心意，不是因為我讀過心理學，也不是單純的信心問題。而是當了母親之後，我一次又一次地體會到，只要我願意常常去衡量孩子的「意願」，在決定任何事情之前，花一點時間去「了解」那些不會沒有意義的想法與舉動，許多透過觀察而得到的了解，使我跟孩子的溝通即使不透過語言，也會越來越深刻。

如果我是那個孩子，因為愛小被被也愛阿公，拿了被被找阿公不是非常兩全其美的選擇嗎？

而阿嬤想出這個方法的時候，她心中解決問題的把握，大概也代表著很多父母經常使用、並自認為最篤定的方法吧！

與其急著用自己的判斷來解決問題，或許父母更應該做的，是衡量孩子的意願，並給予了解和信任。

欣賞自己

「欣賞自己」是母親自我養成的一個功課要項。
我們不是要從「謙虛自處」轉到目中無人的「自負」去，
而是要給自己一個可以發展自我的空間——每一個人都需要的空間。

從母親身上，我學到能欣賞別人是一件非常好的事。面對別人的優點能說：「他真好，我們應該要學！」是一種對自己有益的態度。但是，有很多父母在談論這類事情時，觀點與語言都不夠講究。他們不只欣賞別人，還總是拿自己的孩子來比較；有時候太過強烈了，或舉例的對象與自己的關係太親近，讓孩子心裡有不服氣的感覺。

我在一個好朋友身上，學到欣賞別人的同時，也要充分地欣賞自己。尤其當我們是以父母的角度出發，跟孩子分享人生價值的觀點時，「欣賞自己」不只是「自信」的意思，它同時展現了每一個人在這個世界上都可以是發光點的意義。

我的一個好朋友很上進，心胸也很寬大，因此她永遠都可以看到別人的孩子有多好、多努力，也常以身邊的許多實例來鼓舞正在成長的孩子。她的出發點並沒有錯，但是，太過專注了，在讚嘆別人的同時，忘記了要分出眼光來欣賞自己與孩子的努力。有一段時間，他們親子間出現了很大的誤會。

社會的競爭越來越激烈之後，有很多父母親對孩子的期待變成一種制式的要求。他們覺得孩子要從小就能侃侃而談才大方、要調皮好問才聰明。這些父母在教養上雖然做了很多努力、付出很多愛，唯一不肯接受的建議卻是：孩子有自己的本性，接納孩子的本性是一種應有的尊重。因為他們很擔心孩子的「型」不能符合社會最受歡迎的「模式」。

我很感謝我的父母，他們從小就接受我是一個比較喜歡靜態的孩子。當別人都說我「連螞蟻都踩不死」、「像個林黛玉」的時候，他們並沒有讓我感覺到，這樣的性格「不好」、「令人擔心」或「如果能像誰誰誰，該有多好！」他們允許我以自己的方式成長，而且對我的能力表達足夠的信心。在某些輕描淡寫的話語中，父母對我的肯定就是我成長信心的來源。

我記得有一次，有位親戚跟母親說：「Bubu看起來很軟弱，但其實她很聰明。」我聽到母親十分篤定地答道：「妳現在才知道她很聰明嗎？」好像她發現得太晚，非常不應該似的。

我從小沒有聽過別人誇我「聰明」，也沒有聽過母親親口讚揚我聰明。但是，當他們完全接受我那「不被看好」的外在氣質，選讀「不被看好」的科系，從事「不被看好」的行業時，父母的肯定使我能堅持地踏穩每一個夢想中的步伐。他們真誠的接納，養成了我欣賞自己、相信自己的習慣。

當我看到那位朋友跟孩子之間起了隔閡，我更覺得「欣賞自己」是母親自我教育的一份重要功課。我們不是要從「謙虛自處」轉到目中無人的「自負」去，而是要給自己一個可以發展自我的空間——每一個人都需要的空間。

父母可以從接納作為基礎，再針對各種能力來幫助孩子進步，而不是總體地要求他變成「像某某某這樣的人」。如果我們能學習當一個欣賞自己的母親，相信要留一個更大的發展空間給孩子，一定不會太困難。

自省之後的實作

+ Dear Bubu，謝謝妳與我們分享這意義深遠的心得。現代的父母的確把競爭的壓力轉為孩子的壓力，許多孩子只是念書的工具，不斷地被比較，孩子或許會更自卑，也可能影響人格發展。我也突然愣了一下，不知自己是否也給了孩子相同的態度？——Christina

+ 師父，妳這些話對我來說太重要了，如沐春風。我常常在管教兒子的時候，發現我用了我媽媽的方式，而且是我小時候不喜歡的那一種——就是會讓我心裡感覺不好，內心暗想著「以後我要是當媽媽，一定不要這樣子」的方式。我要欣賞我兒子、肯定我兒子，要用很正面、有耐心的方式去教導他、陪伴他！——Cvss珈瑋

+ 自己長期奮鬥，兼顧著工作及家庭，夫妻關係卻因媽媽的介入而引爆衝突。先生不肯定我的價值觀與付出，讓我迷失了自己。近期離開工作，我不停地看書，像要補回我多年來「未進修」的母親學分。我正是「很擔心孩子的『型』不能符合社會最受歡迎『模式』」的媽媽。原來這就是我的「病因」，謝謝Bubu。——Sandra

+ 最近班上來了一個轉學生，他和母親之間有很大的衝突。母親的管教功能失衡，白天叫孩子起床會被怒罵，我每天早上打電話叫他起床，曾等到十點才見他緩緩走進教室。後來電話失效，兩天曠課後，我親自到家裡帶他上學，今天是第二天，希望這個方式會一直有效。

在班上，我的指導功能也被挑釁著——請原諒我使用「挑釁」這個字眼，因為今天我跟他輕柔的說理，但他仍翻白眼、說氣話、拒絕學習或好好寫字，寧可罰站也不完成該盡的責任。我看見一個武裝自己、不斷在抵抗的孩子，其實也很心疼，已請學校安排心理醫師來幫助他和媽媽。只是……接納的原則是什麼？哪些是老師和父母該做的溫柔的堅持？這是我最近一直在思索的問題。我也曾為兒子見了長輩總是不打招呼而生氣，什麼是個性上的接納？什麼是做人處事的教導？對那個孩子來說，他需要怎樣的老師才能真正幫助他？我有通往兩側的槓桿，茫然的是自己找不到平衡的支點，好希望自己能更有智慧。——蚊子

＋最近我和先生常為長輩的言語弄得心力交瘁，上一代的爸媽迫於生活，以及無人和他們談孩子的教養與溝通，讓我們這一輩回顧自己的成長時，發覺爸媽的認同對個性的養成很重要。如果我們希望孩子長大好好過生活，我們真的必須用功做個好大人、用心好好說話。在此想對花園的朋友們及我自己說聲「加油」！特別是給蚊子。——Klisnow

＋感恩Klisnow的鼓勵和叮嚀，「好好說話」和「語言的教養」是我現在最關注的課題。我很謝謝那個孩子來到班上與我相遇，他幫助我成長，他自己也越來越棒，這就是帶班迷人之處。——蚊子

＋蚊子老師真是了不起！我也認識一個武裝自己、不斷在抵抗的孩子，有人告訴我這個孩子心裡的恨，我才明白事出有因。這不是他的錯，學校導師待之以無限的耐心，我則給

他我可以給的接納。我知道他心地善良，這樣武裝抵抗，其實是掙扎求生存。我想，在他周圍的我們，只能儘量給予支持和陪伴，總有一天，他會找到和自己、和這個世界和平相處的方法。——Jade

＋Dear Bubu，看到您的這篇文章，覺得欣喜、雀躍不已！自己的論文是研究父母「學習鼓勵」對自身與教養孩子的影響，會選擇這個研究論題，是因為深感父母身教、言教之重要，也是對自己在帶領孩子上的期許與自我要求。而父母在懂得適當鼓勵孩子之外，「懂得自我鼓勵、看到自己的擁有」也是格外重要的。很開心能有您這麼好的示範與「實例」（sorry，找不到適合的形容詞），讓我更加印證自己所學與希冀的願景，也涵括了自己認為鼓勵應具有的精神與實質內涵。真實的看到孩子目前的樣貌與需要，並接納原原本本的他，這是基礎、也是必要。多麼希望家長們都能懂得並提醒自己做到！——Yiyi

用閱讀培養自己

我一直把「培養自己」看得比「培養孩子」更重要。
在期待孩子有任何能力之前，我得先深刻體會或學習過那種生活；
在培養出一個有趣的孩子之前，我想先做一個有趣的母親。

去三峽跟工班一起施工的時候，我還是得抓緊時間做自己的工作。當大家在這頭、那頭忙著施工時，我除了幫忙隨手整理一下工作場地、待命工班的詢問之外，一找到時間則是拿起電腦就工作。好像，這是所有母親永遠要過的八爪魚生活。

但是生活、讀書；讀書、生活，形成了一種活循環。不管能利用的時間多或少，我每天純然愉快地閱讀與寫作，對工作與生活都有一種過濾作用。我很想跟大家分享這樣的快樂。

想要成立讀書會的念頭已經很久了，但是一直不知道該如何起頭才好，因為我的目標很簡單，只想跟大家一起享受閱讀的喜悅。

印刷出版的發達，使我們對閱讀產生了一種擔憂感，好像自己永遠也趕不上網路傳來的新書出版訊息。我曾經去過幾個讀書會，發現不把書讀完而參與討論的狀況是非常普遍的。也有人會跳過閱讀，直接讀取會中熱心人士或網路上整理出的大綱，這樣雖然也能參與討論，卻不是自己的體會。

也許，我們對閱讀的熱情已不再存於文字思想與心靈產生的共鳴與悸動之中了。會不會，我們其實害怕的是，沒有看過或聽過哪一本書的孤陋寡聞之感？

我不是一個博覽群書的好讀者，購買新書的速度可以說是非常緩慢。像一隻牛一樣，我用來反芻舊書的時間，永遠佔了閱讀時間的頗大比例。所幸，值得閱讀的書，多半並沒有掌握出爐時間的問題。我跟孩子說，書與我們之間最美的關係，是你與閱讀產生了一種純然的相知之感。如果有這樣的感覺，便把它記錄下來。

每當我有機會跟年輕媽媽們相處時，大家總愛問我：「妳怎麼培養孩子有好的閱讀習慣？」對於這個問題，我總是先一愣，然後支支吾吾地說了一些自己都不覺得有用的話。

我的語焉不詳不是沒有原因的，因為我一直把「培養自己」看得比「培養孩子」更為重要。在期待孩子有任何能力之前，我得先深刻體會或學習過那種生活；在培養出一個有趣的孩子之前，我想先做一個有趣的母親。

今天，如果大家覺得Abby和Pony還算是可愛進取的孩子，那並不是因為我們給了什麼特別的教養配方，而是她們浸泡在父母的生活方式裡成長。

我們不管搬到哪裡，都會安置一個書房，書架上卻不一定有搭配孩子年齡的書。

所以如果有人跟我要孩子的書單，我是絕對開不出來的。我的想法很簡單，我不能把自己所有可以閱讀的時間，都用來搭配孩子的成長；我相信，我要自己先享受閱讀，然後才能傳遞當中的喜悅給孩子。

我並沒有從小給孩子什麼特別的培訓計畫，書架上的書隨便哪一本，只要她們喜歡，看快、看慢，新的、舊的、非常舊的，都是自己與閱讀的獨處關係。透過完整、安靜的獨自閱讀，我們才會在生活的共處時刻裡分享閱讀後的想法。有時候，我們甚至不多做討論，只說：「我在哪本書裡看到哪一段很棒，你有空可以看看！」當然，有時候我們也做非常深刻的討論。從她們很小的時候開始，家裡每個人都有自己的閱讀自由，而不是依照任何進度、或誰的期望來開書單。

一九七四年，我是國中生，學校照例在暑假期間都規定有一兩本書得好好精讀。我讀到一本很好的書，直到現在還把它留在書架上。這本費迪曼的《一生的讀

要兼顧家庭與工作，時間當然是永遠不夠用的。
我節省娛樂聚會的時間，在自己的書房中完成許多自修的功課；
我從不對孩子說閱讀很重要，我只跟她們分享我有多麼喜歡閱讀。

書計畫》雖然後來幾度改版，也有人以這個概念重新書寫、做新的書單與導讀，但我還是覺得，當時他為這本書寫的前言實在非常好。至少，那些字句與想法，從十三歲就改變了我與閱讀的關係。我把其中的一兩段錄下與朋友們分享：

我不願再多說「一生的讀書計畫」的功效，因為它不是魔法，不會讓各位讀者和我自動變成「有教養的人」；它不會替我們解釋人生的終極秘密，也不會使人「幸福」——這樣的功效屬於牙刷、汽車與除臭劑，卻不屬於柏拉圖、狄更斯和海明威。但這個「計畫」，會像戀愛一樣，使你的內在生活更有意義、更有趣；也像你要發揮全付精力的工作一樣，幫助你、使你的內在生活更豐盈充實。

做個「好大人」

青春期的孩子真的沒有那麼難以溝通、不受教誨。
當一個「好大人」把背後的批評或暗暗的擔心，都轉為積極的引導或勸誡，
會為原本可能陰暗仇怨的景況帶來陽光。

走進Pony的書房，看到貼在牆上備忘欄的紙張，寫著關於她的「當代美國文學」課的一些提醒。

Pony今年除了修語言AP之外，第二個學期又加修了一堂「Contemporary American Literature」。因為課堂上都是十二年級的學生，我擔心她上課的心情，所以跟她談了一下該注意的事。她似乎覺得我的擔心有些好玩，所以把手放在我的頭上，像一個媽媽在安慰孩子那樣摸摸我的頭說：「媽咪，不要擔心，我讀得很好呢！我覺得老師很喜歡我。」她拿出筆記本給我看她得到班上唯一的滿分時，老師給她的評語——

Perfect entries. All 11 are here and done beautifully.（11指的是十一個答案的要項。）往下看還有另一行寫著——

Pony,

Thanks for being such a positive member of the class.

我笑著問她：「妳們班上有negative member嗎？」她睜大眼睛說：「有，坐在我前面那個男生，老師好像很討厭他。」她想了一想，有些困惑地問道：「媽媽，有人用

『三八』形容男生嗎？」

——通常我們會用「輕浮」吧！最好也不要用「三八」形容女生，不好聽，還有更適當的形容詞。

——嗯，那個男生很「輕浮」，我想我大概曾經對他的態度露出討厭的表情吧，所以老師叫他去談話，請他不要打擾我。

我好吃驚，問她怎會知道這樣的事，她說，是那個男生有一天跟她說：「Pony，妳給我惹了麻煩，老師叫我去，跟我說：『我很不欣賞你對Pony的態度，請你要注意自己的言行舉止，你使她非常不自在。』」

走出書房之後，這段課堂上的小插曲還在我心中盤旋。我很慶幸這個老師在Pony遇到人際的友誼問題時當一個「好大人」，不只為女孩解圍，也給男孩一個適當的提醒，積極地教導他做一個有禮貌的男士。

我問了Pony，才知道這位老師自己是兩個大學生的母親。我想，當她決定要插手這麼不具體的感覺問題時，一定是經過深思，願意擔負起好大人的責任。我也相信她的語言與態度應該非常適當，所以這個男同學才沒有記恨Pony，而且能跟她談起這件事。

我又一次確定，青春期的孩子真的沒有那麼難以溝通、不受教誨。當一個好的大人把背後的批評或暗暗的擔心，都轉為積極的引導或勸誡時，會為原本可能陰暗仇怨的景況帶來陽光。在陽光的披照下，稚拙的心靈有了成長的機會——他們會帶著對人世的信心，慢慢地成熟起來。

好幾次我推想Pony的老師行動背後的想法，如果是我，又會怎麼做呢？思考中，想起了一個很好的小故事，就讓我姑且稱它為「玉米田的故事」吧！

有一個農夫自己培育出很好的玉米，當鄰居問他要一些種子的時候，他馬上想到一個切身的利益問題——

我帶鄰居的孩子做乳酪蛋糕。
在這樣的活動中，我可以傳達對孩子的關懷與教導。
在我成長的過程中，遇到過許多好大人，
我因而學會了信任與自重。這種經驗使我知道，
教育中最重要的，不是我給孩子規條，
而是我自己樂意當個好大人。

萬一大家也都栽種出跟他一樣的好玉米，那他的玉米就不再特別珍貴了，所以他拒絕了所有鄰人的要求。

過了幾次收成，他的玉米越來越不好，再過幾次，它們就跟鄰家的玉米根本沒有兩樣了。

大家知道為什麼嗎？在我寫出這個答案之前，我要先跟大家分享一段話，因為這段話，我了解做一個好大人的重要，也得到行動的勇氣——

人人都要關心別人的孩子。我們必須認識到，我們兒孫的幸福和別人孩子的幸福是息息相關的。我們的孩子需要動手術挽回生命，給他開刀的是另一個孩子。我們的孩子受到暴力威脅或傷害，害他的也是別人的孩子。我們如想自己的孩子過好日子，就要使別人的孩子也能過好日子。

在那片玉米田中，蝴蝶到處飛舞，它從鄰家帶來的花粉改變了這位農人苦心栽培卻不願分享的好品種。相信教育也一樣，我們無法只疼愛或保護自己的孩子，而不關懷其他成長中的心靈。

自省之後的實作

多年前我在編親子版的時候，有一個持續推動的主題叫做「拉他一把」——也就是，成為一個好大人，對與你擦身而過的每一個孩子發出誠懇的善意。我記得有個很棒的真實故事，一個鄉下機車行的老闆看到許多不愛讀書的國中生，整天在街上閒逛使壞，他就找了幾個孩子來教他們修理摩托車，受訓期間由他提供工讀費與餐點，但規定要把百分之八十的工讀費存到銀行。老闆娘帶著孩子去開戶，存摺讓孩子保管，印章交給老闆保管。孩子真實感受到努力工作的報償，除了緩慢增加的存款數字，還有流汗工作、用心學習的莫大快樂。

我也遇到一個高工夜間部畢業的年輕人，因為一個修車廠老闆的鼓勵和栽培，不但成為一等一的修車技師，也自修學成各種機電的修理、組裝等技術。愛別人的孩子，才能讓自己的孩子得到更開闊的愛——因為，真正有力量的愛，必然是開闊的；否則，那種愛，很有可能其實是恐懼。——**Mling**

> 美玲的「恐懼」用得真好，恐懼競爭也是另一種使我們心胸無法開闊的原因；父母又往往直接把這種恐懼拿來影響孩子。少者懷之，少者懷之。——**Bubu的回應**

我從前是個過於熱心卻害怕犯錯的人，年紀大了，也越怕我的關心變成別人的負擔。畢竟很多人不喜歡別人過度關切，我也不喜歡別人不分青紅皂白來管教我的孩子。我能做的就是在賣場中叫住店員，去幫助那個似乎找不到父母而狂奔哭泣的小孩，我願盡我的能力去做個好大人，幫助那些向我提問的人。——Cassidy

＋我一直覺得：一定要愛別人的孩子，因為自己的孩子一定會疼，別人的小孩就會看看吧！現今在教育界上，有太多年輕人為了自己的私利而不顧手上的學生。上學期，我們學校的老師為了自己的月子不要在寒假中浪費，就想盡辦法去拿醫院證明，提前請病假與產假，放滿自己應有的假，其他同事也覺得很棒。不管社會如何變化，老師應遵守的職業道德應該更高、更嚴格，因為您手上有別人的小孩呢！——Tina

愛的資源

我希望自己對孩子們無盡的愛心和耐心，也同樣能讓長輩們支取；
我更希望能帶領孩子去認識，
自己在家族中不是只有權利的享用，還有更多義務該善盡。

台北榮總的午夜，除了值班護士偶而的推車聲和腳步聲外，四壁一片寂靜。躺在病床上我所守護的，是昨天早上才動過切肝手術的婆婆。雖然止痛針正幫助她進入一段沉睡中，但擔憂的心情仍迫使我在疲倦中保持著極度的清醒。夜深人靜的清醒最是讓人思家，此刻想念孩子的情緒正緊緊圍困著我。

算算得知婆婆生病，我們匆匆趕回台灣已經整整過了兩個星期，這段時間靠著電話和孩子們互通訊息，知道她們都很乖也很用功，雖然安慰仍然記掛。每晚不能擁抱親吻她們，讓我深感失落，但我不能忘記此刻誰最需要照顧。我更感謝娘家的父母在一得知消息之後，馬上飛往曼谷支援，好讓我們能全心全意地照料病中的婆婆。

這段時間我為兩個孩子的表現感到驕傲。特別是Abby，不但要面對七年級沉重的功課負擔，還要擔負起「小媽媽」的職責。她幫妹妹檢查每份功課的文法，代替我寫聯絡日誌，每個週末還把功課的主題和學校的訊息信傳真到台灣讓我過目。十月份，她將啟程到美國參加太空科學營，這段時間有好多行前家長會議，我擔心不能出席，但是Abby安慰我：「媽媽，別擔心，我代替爸爸和您去，我會把事情聽清楚、把表格拿齊，如果還漏掉東西，我會去諮詢室問。」

掛完電話，我知道我的小女孩真的長大了！她已經懂得家族中的一員所該盡的心力。當她跟我談起奶奶的手術時，隱約透露著十三歲孩子心裡所隱藏的擔憂，而她和妹妹也都極盡努力地在課業上求得良好的表現，以安慰我們兩地牽掛的心。一向黏膩的Pony也不再問我何時回家了，只是在每一通電話裡說著：「媽咪，我們非常非常的好！」她把「非常」說得十分肯定，我就反覆咀嚼著這些話，來度過許多思念她們的時刻。

離家這五年來，我開始思考起「愛的資源」這樣的課題。先是看著年邁的父母照顧年近百歲的祖母，心中常覺不忍；想我們兄弟姐妹雖都年在壯盛，但分居國外，而且每家的重心都在事業與孩子身上，能為父母分擔的實在非常有限。父母撫育我們長大，盡完責任之後並沒有輕鬆下來，還是牽腸掛肚著孫輩們的教養問題，飛來飛去支援著每一個需要人力幫助的兒女家庭。我時時能感受到這種愛的連結所衍生的力量，並從自己所受的恩澤裡試圖為長輩們略盡心力。

今天清晨，婆婆在恍惚中突然握一握我牽著她的手，用台灣話對我說：「Bubu，妳為什麼那麼棒，妳怎麼知道要這樣照顧我？我很謝謝妳。」

我一陣鼻酸，心中非常難過，我只能對她說：「媽，不要說謝謝，振銘小時候您也是這樣照顧他的！」不知道她有沒有把話聽完，只見衰弱的婆婆又沉沉睡去。握著她小小的手，我在病床邊反覆想著婆婆的問話——「怎麼知道要這樣照顧我？」我覺得自己得到了根本就不該得的稱讚和感謝。從來我都確定自己該如何照顧孩子，因此我也一定知道該如何照顧長輩。孩子生病時我們溫柔備至，父母病了，我們又何以不該更有耐心？我所做的一切都只是本份，得到的卻是誠懇的感謝，這讓我非常慚愧。

當我們不停地思考著物質資源如何使用和節約時，是不是也該同時思考「愛的資源」要如何分配善用？我希望自己對孩子們無盡的愛心和耐心，也同樣能讓長輩們支取；我更希望能帶領孩子去認識，自己在家族中不是只有權利的享用，還有更多義務該善盡。這些義務要用真誠的行動一點一滴去完成，好讓愛的資源不斷回收，永遠豐厚。

Abby與外公在費城擁別。
在我們的家庭中，愛是最豐厚的資產。

為愛放手

我是在陪伴兩個孩子的成長中才點滴地確認：
作為一個「母親」是最完整的自我實現。
如今，我自己當母親的功課已經結束貼身照顧的形式，
轉而修習遠距掛念與溝通的課程。
我只能希望，自己慢慢加油，
在學習放手時，也紀念孩子為要使我們放心所做的努力。

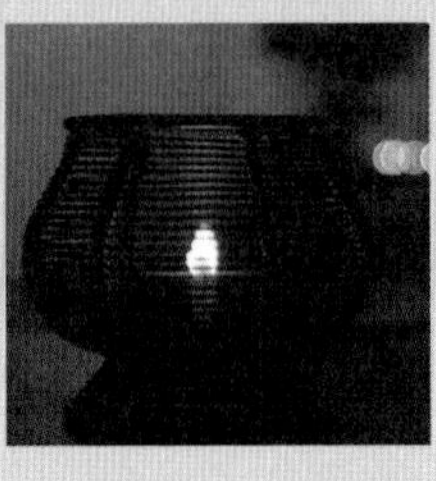

J
K
L
M
N
O
P
Q
R
S
T
41
40
39
38
37
36
34
33
32
31
30
29

為愛捨得

為愛捨得，時間因而分割得片片段段，工作有時不能超越期望；
但請不要說父母就此失去完整的自我。在愛裡，孩子和我們同步前進；
捨下的不過是有形的片段，得到的卻是無盡的永恆。

有一位初相識的朋友對我說，他們把十三歲的獨生子送到國外住校時，心中最大的感觸是做父母就要「捨得」——捨得把自己的孩子交出去讓別人來教養，捨得遠地分離的牽掛。從那天之後，我心中也常常想起「捨得」這兩個字，但我想解讀的是，自己從生活中感受到的不得不「捨得」。

——手上工作一大堆的時候，孩子們的作息並不一定與此配合。當她們來到書房找我商量一些事的時候，我最能感到自己的捨不得。我捨不得讓那顆小小熱烈的心失望，於是我就要捨得先放下自己手邊正在進行的事。或許只是五分鐘、十分鐘，但是我必須兩眼專注地望著尋我而來的孩子。為愛捨得，為愛我捨得暫時放下工作！

——妳會責備孩子嗎？常有人這樣問我，答案是絕對肯定的。我是窮追不捨的母親，孩子只要一有偏差，我總無法自我安慰；於是，我很捨得陪她們面對錯誤的痛，

在福岡的魚市，我為兩個女兒解說各色海鮮的知識。與她們共享的生活，從來沒有虛度的感覺。

並尋求改善的方法。有時候孩子被我講得眼淚滴答直流，有時候面紅耳赤，頭都不敢抬起，但是沒有一次她們以情緒化來終結事件。因為她們知道，媽媽是為愛而捨得給她們小小的難堪，為愛而捨得放棄一兩次原本很好的氣氛。面對自己的錯誤之後，她們已不是先前的自己，被愛的感覺也不因為責罰而減少。在愛裡，因為捨不得看她們被錯誤征服，因此我捨得責備也捨得處罰。

——生活中我熱愛的事很多，寫作、烹飪、縫補、閱讀，這些事如果能盡情去做該有多好！但我時刻不能忘記，自己是一個母親。是母親就會有時間上的捉襟見肘；是母親而想要給孩子一種身教，就無法「為所欲為」。因此，有時候我必須捨得放下一本深深吸引我的書；有時候我必須捨得打斷某些愉快的談話；更有些時候我不得不被孩子打斷思路、或為了她們放棄一兩次旅行的機會。但是，孩子也以親近回報我。就在我寫這篇文章之間，除了為孩子們料理午餐，中途還被打斷了幾次，小女兒Pony走到電腦旁，把臉偎在我的頰上輕輕問我：「媽媽妳知道嗎？……」我明白這樣的開場白絕不是什麼大事，然而我的文章也不是什麼大事。因此，我把打了一半的文章存檔起來，仔細聽聽這個小女孩前來分享的生活心事。因為愛，我捨得放下自己喜歡做的許多事。

為愛捨得，時間因而分割得片片段段，工作有時不能超越期望，但請不要說父母就此失去完整的自我。為愛捨得，是世代的接力。在愛裡，孩子和我們同步前進；捨下的不過是有形的片段，得到的卻是無盡的永恆！

自省之後的實作

+ Dear Bubu，這次要向您請教的問題，已在我腦中盤旋月餘，請問在Abbey與Pony小時候，您的工作性質也是需要出差至外地嗎？我休息了一年，為了很多原因，其中之一是小孩，基於其他因素，我考量重返職場。雖然我不是個溫柔的母親，但是我相信，孩子一放學可以看到媽媽是件美好的事。萬般掙扎中，可否提供您的經驗？——米米

Dear米米，Abby六個月的時候，我就開始創業工作，當時的工作量很大，自己當老闆很辛苦，也是我從經驗中才開始學習的事。我不曾想過孩子讓別人帶，因此，所有的考驗都在同一個時段發生。當時二十七歲的我，說起來都還有點大孩子的感覺呢，但因為我實在太喜歡當媽媽了，所以如今回想起來，並不覺得特別辛苦。開始經營店之後，回到家通常都晚了，但我還是常常燙衣服或整理屋子弄到很晚，因為除了工作之外，我也想把家維持得跟專職在家一樣好，因此所有的工作都要找空隙填補。可是很奇怪，我就是不會開口說一句：「我很忙！」我不說，不是因為我愛逞強，只是因為我心裡真的不覺得為家人做這些事是很累的。我的眼光定焦在家人因此得到的快樂，所以，我也做得快樂。

我不是曾在星期一的早安分享中寫著：我想跟時間好好相處嗎？真的是這樣，二十歲到現在，我沒再戴過錶，我也幾乎不大看時鐘，但是我跟時間的關係很好，總是能好好安排工作與休息。我想是因為我母親對我的影響，她真的好忙，但我記不起來她曾對我們抱怨她的忙。我也不曾對孩子抱怨，或許是因為這樣，兩個女兒也總是開心地迎向自己的忙碌。

不管妳決定要當全職媽媽或工作媽媽，我唯一想給妳的建議是：喜歡妳的決定。一旦妳喜歡了，妳就一定會找時間來補足妳應該做的事，而且是用最開心、最有效率的心情來完成一切。而妳的孩子也一定會感受到百忙當中的媽媽心。——**Bubu的回應**

我女書旂

Pony很耐相處，特別在獨處時，我更能感受到她那種溫厚的魅力，
因為人前的她常隱藏著自己的豐富。在我的眼中，她是大象，
除了有大象般的記憶力，還有那種非常溫柔卻成竹在胸的篤定。

如果妳跟我一樣有兩個孩子，我建議有時候妳要找出時間和孩子單獨相處。這是大女兒不在的兩個星期中，我和小女兒獨處的心得。

雖然平日裡，孩子們並不缺乏跟我獨處一室的機會，但是像這幾天，心思意念都只落在一個孩子身上的時刻，卻像是一種親子關係的「特寫」。在生活的鏡頭裡，孩子被清晰地放大了，我眼裡所看到、心裡所體會到的，有不少是平日裡被匆忙忽略，或驚鴻只一瞥的觀察。

作為一個母親，誰不希望珍惜每一個重要或不重要的片段，記錄下每一份或濃或淡的愛意呢？這篇文章是為我九歲的小女兒書旂而寫，希望有一天她能自己看懂文章中的每一個中國字。當她懂得的時候，相信她必定能完整地讀出我深寄在文字之間，獨獨給她的愛、激賞和勉勵。

「書旂」是Pony的學名，端正悅耳並且一眼就看得出寄語在這個孩子身上的家族期望。遺憾的是，學校用的譯音「Su-Chi」聽起來跟外國人笨口拙舌地用日語唸「壽司」是如此地相像，有許多同學因此認定她是日本人。小

女孩不勝其擾，因此要大家統統叫她小名。那些人呼喊她的時候，「P」字帶著輕輕的、愉快的爆破，然後尾音會高高地揚起，很符合她那種陽光歡愉的性格。

Pony整天笑咪咪，圓臉、圓眼和一個越陷越深的小梨渦，為她輕易地贏得了許多友誼。她待人很客氣，一種天性的溫和讓她把從外表博取而來的好感，堅實地累積成友誼。Pony很耐相處，特別在獨處的時候，我更能感受到她那種溫厚的魅力，因為人前的Pony常常隱藏著自己的豐富。她越長大，我似乎越能了解她那種微微羞怯的隨和，甚至開始覺得，這樣對她來說才是最合理不過的。從來沒有人會因為她的安靜謙和而漠視她的能力，外表的強勢與誇大的自信，都不是Pony的本質之氣。在我的眼中，她是大象，除了有大象般的記憶力，還有大象那種非常溫柔卻成竹在胸的篤定。

我特別喜歡跟Pony談話，她非常善解人意，更迷人的是，她描述一件事或一個想法的時候總是提綱挈領、剪裁恰當。我猜想是因為她非常敏銳又懂得駕馭文字語言，所以常常讓人在她的談話裡感覺到新意與驚喜。比如說，我常常想知道她對中文的理解力有多透徹，所以日常生活中她如果用了英文，我就會問她，知不知道這個字或那個詞的中文怎麼說。那天我問Pony，知不知道「Compromise」的中文，她還不會用「妥協」這個詞，但她的解釋卻讓我印象深刻。她說：「放棄自己的意見，同意別人的決定。」諸如此類的生動話語，在Pony的談話中還有很多很多。有時我隨手片段地記了下來，希望以後為她整理起來留作紀念。

姐姐不在的一個晚上，我們和Pony外出用餐，餐廳裡高高低低落滿樂音，Pony說：「媽咪，妳聽！這好像婚禮用的音樂。」我深表同感，但確定正在播放的並不是婚禮中慣用的那幾首曲子。那到底是什麼讓我們聯想到婚禮呢？當我還在思索著的時候，Pony已經理出頭緒了，「有很多風琴的聲音。」她傾身對我細語。我恍然大悟之餘，想起Pony總是能夠如此，她每每在我還苦思不著的時候，就輕易地一語道破。她的藝術天份在別人看來總在那隻擅畫的左手，但在我看來，像這樣對每一種感覺入微的描述與統整的能力，才是她真正最別具一格的。

很多人問我為什麼不送Pony去學畫，既然她有才情就該力加培養，但我始終沒有幫她找老師。說不上為什麼這樣拖延著，我只是喜歡Pony自由的心性。她隨手翻一本書、看一個實物就信手臨摹，有了一個念頭馬上就畫以具象，甚至在一天的終了，她會感覺到沒有動筆畫畫的痛苦。我很珍惜她把畫畫結合在生活的快樂上，至於「技巧」，我想可以等她大一點再說。

提筆要寫Pony的點點滴滴，對做媽媽的我來說特別困難，因為篇幅太短而我想說的卻那麼多。幾天來，雖然不得不這裡裁掉一段、那裡刪掉一些，還是不捨得結束。昨晚Pony臨睡前來跟我親吻道晚安，我正在廚房把一鍋稀飯放上悶燒鍋，因為爺爺奶奶來曼谷小住，不慣吃麵包。我愛夜涼如水的感覺，所以只就著一盞昏黃的燈光做事，Pony不知道我在忙什麼，在廚房入口的開關處遠遠就探問我——

媽媽，要我幫妳開燈嗎？

我跟她說不用，馬上好了之後，她立刻繞到我身邊來，問道——

在忙嗎？有什麼可以幫妳的嗎？

我謝謝她，要她去睡覺，她立刻緊緊地摟抱著低下身來的我，甜甜並且深情款款地跟我說：「晚安！」「愛妳！」

我望著她離去的背影，回想著她盈盈的笑貌，覺得自己可以無盡地說下去，也可以永遠停駐此時。就在剛剛那一進一出之間，Pony所有的特質已經被濃縮了；而在她每天一次或數次的「愛妳！」聲中，拜我女書旅之賜，我得以日日尋得為人之母無盡的快樂及所有的意義。

Pony在高中畢業典禮上。

手足十年

我是在慢慢的學習中才領會到：能成為兩個孩子的父母是多麼難得的榮幸；也是在陪伴她們的成長中才點滴地確認：作為一個「母親」是最完整的自我實現——在形式上或意義上都是如此。

提筆寫這篇文章，是小女兒Pony十歲生日的前夕。二月十八日中午，是她與我們、與姐姐相遇滿十週年的紀念日。十年來，孩子所帶給我們的快樂真是難以盡數，更大的意義則是因為有了Pony，Abby才有機會懂得何為「手足之情」、何謂「姐妹情深」；而我們也才有機會面臨為人父母都會遇到的困窘和難題（例如公平、時間分配、誰買新衣服之類的大小問題）。

我相信自己是在慢慢的學習中才領會到：能成為兩個孩子的父母是一種多麼難得的榮幸；也是在陪伴她們的成長中才點滴地確認：作為一個「母親」是最完整的自我實現——無論在形式上或意義上都是如此。

當了母親之後，不管是聲名或財富的慾望，都很快地在這個職稱裡得到了滿足。我覺得自己很「出名」——孩子常常跟老師及同學提及「我媽媽很會做菜」，這種宣傳讓我不得不感到自己的「聲名遠播」——從家裡一直到學校。我覺得自己堪稱「小富」——孩子們一天到晚給我的擁抱、親吻與微笑，讓我覺得安定平凡的日子全都鍍上一層金光，豐富可喜、千金難換。

十年裡，孩子給了我這麼多，所以我也想回贈她們一些我送得起的禮物，於是著手把十年來她們的照片做了一番整理，凡是合照的都洗成三份，以便將來她們獨立成家時可以不用拆散許多共有的回憶，只完整的帶走一份。我也把為她們所寫的文字編印一份，合訂在相片之間，名之為「手足十年」。

希望孩子們都珍惜我們所給的這份禮物和珍貴的手足之情，繼續友愛地走向更豐富的未來。

在不算薄的扉頁之間，孩子像快動作的電影般，迅速地從襁褓中的娃娃長成眉眼之間訴說自信的大孩子了。我可曾為她們留下什麼？我想沒有，光陰從不答應為人留步。但在翻頁間，我又確定自己留下了一份重要的東西——可以說是「愛」嗎？我想是愛吧！那麼瑣碎卻那麼真實，許多人看都不看一眼的片段，我都撿拾了起來，一張一張用愛貼在自己的生活紀念集裡。

希望孩子們都珍惜我們所給的這份禮物和珍貴的手足之情，也願從今而後她們繼續友愛地走向下一個更豐富的「手足十年」。

生日贈言

Abby開朗上進、而且很有正義感，長得比我們十六年前所希望的還要好。
很多時候，她堅毅的性格給了我很多的啟發；
更多的時候，因為我是她的母親而更能堅強。

十二月十二日是Abby的生日，很遺憾我們不能回到曼谷的家中為她慶生。但是孩子很體貼，她說沒關係，因為學校的期末音樂發表會剛好選在這一天，她們的弦樂團要上台表演，「好像全校都在為我慶生一樣，很有意義！」她這樣安慰著我因為趕不回去而顯露的失落。

電話中Abby又說：「媽媽，大家都說弦樂團是學校樂隊中最好的。」我開她玩笑說：「對啊！因為有妳在。」她在電話一頭笑個不停地回答我：「對，因為有我墊底，所以可以知道我們的程度有多好！」的確，選修弦樂的高中生裡有很多日本人，高手雲集讓Abby受益良多，可惜我卻錯過了她的發表會，而且是在她十六歲生日的當天。

十六年前生下Abby時，我是二十七歲的年輕母親，捧著兩千七百公克的初生嬰兒興奮了三天三夜不能闔眼，和Eric在醫院裡竟夜對談，憧憬著我們幸福美麗的父母夢。

生產前，我自己為孩子做了一個小提籃，乳白的軟緞上分層綴滿一百尺的細蕾絲花邊，一朵大大的粉紅色蝴蝶結別在提籃中央，彷彿得意地向眾人宣告著：「是個女娃娃喔！

不要弄錯。」那兩千七百克的小嬰兒如今一百六十八公分高，很有自己獨特的風格，她開朗上進、而且很有正義感，長得比我們十六年前所希望的還要好。很多時候，她堅毅的性格給了我深刻的啟發；更多的時候，因為我是她的母親而更能堅強。

十一日，我算準時間給放學後的Abby打電話，她告訴我正要準備下樓游泳，我聽聲音感覺她有點累，所以問她要不要明天再游。但她很可愛地堅持著，理由是：「媽媽，我今天一定得游，因為今天是十五歲的最後一天，我要從十五歲一路游向我的十六歲。」我想，她的心中對自己的十六歲一定有很大的期許，在游泳池裡一圈圈地舞動時，她必定會為自己許下心願。

十二日，德光女中好幾位同學送來了給Abby的卡片和禮物，託我帶回曼谷給她，而ISB的同學也沒有忘記她的Sweet Sixteen。她興奮地在電話中唸著收到的卡片賀語給我聽，聽著聽著我不禁掉淚，好想擁她入懷，跟她說生日快樂。

同學中有人寫出十六個她是個好朋友的理由來祝她生日快樂；也有人因為她喜歡用水性筆，而專程去把送她的每支筆都刻上名字以便永遠屬於她，掉了也容易找回；還有人怕她太用功、累壞了，所以送她守望天使。那些甜美真誠的字句，讓人深深感到友情的力量，以及青青年歲中純真熱情的關懷；雖然沒有蛋糕、沒有生日派對，但她的心中相信是豐富快樂的。

「生日」是生命中一個個標誌著成長的里程碑，十五年來，我看到Abby不停地努力，一年比一年更充實，於是對她有了一種放心。記得兩個星期前她跟我說，法語老師問起她將來上大學的事，她說自己感興趣的事很多，所以還沒有很明確的決定，當時老師跟她說：「妳真幸運，有很多孩子的前途已經被父母決定好了。」她談起這件事情時，還因為覺得自己很幸運而對我說謝謝，但是我心中卻更想跟她說謝謝，謝謝她做個好孩子。

雖然我們的確給了Abby很多想法上的自由，但她因為自重自愛而沒有辜負這份自由。如今她就要十六歲，十六歲以後，她會有更多相關於前途的選擇要決定。我們會更尊重她的想法、更支持她的決定，也會在每一天為她敞開擁抱的臂膀。雖然不能陪在身旁為她過生日，但真心希望她有的不只是快樂的生日，而是每一天都喜樂豐富的十六歲。

放手前的依依回顧

家長手冊一針見血地給父母最積極的建議——「Letting Go」。是的，放手的時候到了，十八年來所有的呵護與照顧都要在此告一段落，標誌的不只是孩子、也是父母全新的成長路程。

一到八月，孩子們的暑假已近尾聲，這一年對我們來說是新生活的開始。與往年最大的不同是，回新加坡時不再是全家同進同出，離別就在一段段行程被確定下來後更顯真實。我開始常常夜半從夢裡醒來，在黑暗中回憶或尋思時，一次又一次感覺到，要讓孩子獨立遠行是多麼困難、卻不得不開始的一件事。我需要力量也需要時間，來學習這份親子功課。

七月中，我們收到賓大用快遞陸續寄來給家長的信與手冊，雖然學校懇切地說：「在長久的費心後，請讓我們來接手教育與照顧他們的工作吧！」但學校與父母都知道，這份交接並非易事。也因此家長手冊中有一個大單元叫「Easing the Transition」，其中第一篇文章的題目便一針見血地給父母最積極的建議——「Letting Go」。是的，放手的時候到了，十八年來所有的呵護與照顧都要在此告一段落，標誌的不只是孩子、也是父母全新的成長路程。

有個星期二，Pony遠赴屏東去幫人畫牆，我跟Abby在高雄買些東西等她。Abby突然跟我說：「我從來沒有跟Pony分開過這麼久。」她指的是即將到來的新學期。那時我們走在大街上，我卻忍不住當街就落淚了。想起在許許多多她們與我們短暫的分離中，總有彼此互為依靠，如今手足分別的時間已然到來。

Abby的高中畢業典禮。

Pony十歲時，我曾為孩子們寫過一篇名為〈手足十年〉的短文，姐妹相依的深情在一疊疊相片裡隨著她們的身影成長、加深。再一次整理出文章和更多的照片時，我們一直以來極為緊密的家庭互動會改變，但在萬分不捨和許多的牽掛裡，我深信維繫著一家的情感仍會繼續茁壯。

這個家曾用十八年堅實的生活為她們扎下深根，如今要贈與的是一雙可以自由翱翔的翅膀。願她展翅高飛時帶著我們的祝福，繼續為充實的生活而努力。Abby，加油！

副駕駛上路

從今天開始，Abby 就要從一個副駕駛升任為正駕駛。
所有的人生路況都掌握在自己的手中。
不要急，專注、穩穩地前進。我們在遠地為她加油！

在費城的櫥窗看到上方這張海報的時候，我想起此刻正在賓大校園展開第一天訓練的女兒Abby。想起十八年前她出生的第一天，小小的嬰兒躺在我身邊時，Eric與我初為父母的熱情。

來探望小嬰兒的長輩，看到我們都忍不住笑了起來，因為我們還很稚氣的臉上，毫無遮掩、十分傻氣地宣告著幸福與滿足。

從奶瓶、尿布到燈下課子，十八年風塵僕僕的忙碌日子讓我們的臉都不再稚氣，卻因為當了父母而更加敏銳、知足。

然後，小小柔弱的孩子，揮別父母的輕輕愛憐，她站了起來，走向自己夢寐以求的大學生活。

校區很大，我們殷殷叮嚀：仔細看好地圖；陌生的地域需要導航，新的生活更需要掌穩心靈的方向。從今天開始，她就要從一個副駕駛升任為正駕駛，所有的人生路況都掌握在自己的手中。不要急，專注、穩穩地前進。我們在遠地為她加油！

住進學校是獨立的第一步，先打掃宿舍、然後開始布置自己的窩。不管家庭溫不溫暖，每個孩子都期待這種邁開腳步的感覺。帶Abby去添購生活用品時，我看到在購物中心穿梭的新生，找這、找那，燙衣板、檯燈、布告欄、鏡子……他們的臉上閃著「生活活生生」的光彩，那當中有能力的試探、品味的探索，更是成長的宣告。

賓大校區的老宿舍，設備不算好，但窗外的綠意很美，宿舍啟用那一年，梁思成與林徽音正在賓大建築系求學，創校者班哲明・富蘭克林的身影與話語，在校區裡到處可見。我為Abby感到高興，能在一個歷史悠久的校園展開大學生活是非常幸運的，但願她不虛度生命中最青春的年歲，好好品味知識、生活與成長的喜悅。

我們殷殷叮嚀：仔細看好地圖；
陌生的地域需要導航，新的生活更需要掌穩心靈的方向。

漫漫成長路

不管Abby走得如何搖搖晃晃，相信她力求穩定的神情與毅力，一定感動了許多老師，所以他們就用愛引領她往更美的境地走去。

在一篇舊文章裡，重讀Abby在七年級結束時寫給班導師的信。那一年，是她轉受英文教育的第三年，不懈的努力終於建立了比較穩固的能力與信心。十三歲的她在信中寫著：

Dear Mr. Straub：

時光真是飛馳，而我到今天才真正意識到一整年的時間轉眼過盡。感謝上帝，這一年我被安排在7B，若非如此，我將錯失認識您的機會。

要跟您說謝謝的事太多，所以不知道該從哪裡開始，也不知道該在哪裡結束。您總是在每一個時刻支持我，教給我那麼多原本我不了解的事，使我在結束七年級時，變成了一個更新、更好的人。

我特別喜歡您讓「團聚」這個字變得如此意味深遠並且充滿力量。您讓我們在團隊裡總是緊密地聯繫在一起，卻又那麼平等；我們是您眼中每一個獨特的個體。

您教給我們的彼此欣賞和感謝，為我們的心靈帶來亮光和思考。因為這樣，每一天我們看得更深刻、也過得更快樂。您的關心讓我們都自信，並感覺到自己的特別，謝謝您當我們的老師和好朋友。

雖然明天開始您已不再教我，但我不會忘記我們還是好朋友；我會珍惜七年級所獲得的友誼，並記得這一年學得的功課。如果還有什麼可以讓我要求的，我會說：我想再過一次七年級。

Abby 敬上

翻看這些舊文章時，我總是無由地落淚。如果不是因為還留有這些記錄，我已經無法從她如今自信開朗的臉龐中，去回想當年曾有的徬徨與擔憂。她小小的心靈曾經乘載過多少辛苦？而我這個當媽媽的，又真的給了她足夠的幫助與心靈的依靠嗎？

我記得上學的第一個星期，她剛剛被准許離開ESL到正規班上課。有一天回家的時候，她一看到我就俯身哭在我胸前。我問她怎麼回事，才知道班上有位從美國來的台灣人，老師要她多幫Abby一點，她卻告訴班上的同學說：「不要跟Abby講話，反正她又不會講英文。」

當時我心裡難過極了，卻只能抱緊她，跟她說：「Abby！沒有關係，其實Wendy（此為虛構人名）這樣是在幫妳。如果在班上沒有人跟妳講中文，那妳的英文一定會進步得更快。」在那面對困難、一心要突圍而出的幾年中，我們總是無法花心思去刻意關照自己曾有的委屈或傷心。時間很少，要努力的事卻這麼多，任何多餘的耽擱，對我們來說都是奢侈的揮霍。

我跟Abby說的沒有錯，拜Wendy之賜，她得更快地不靠扶手站起來。不管走得如何搖搖晃晃，相信她力求穩定的神情與毅力，一定感動了許多老師，所以他們就用愛引領她往更美的境地走去。

我的寵愛

似乎每對父母「想給」與「能給」孩子的東西都不盡能吻合。
有的父母能給萬貫家財卻不能給相處；
有的能給時間卻自嘆物質不如人；
也有些則從未檢視過自己有什麼、或想給什麼。

在新加坡家的窗前幫Pony縫這條家居褲的時候，是晚餐前的一段空閒。赤道的日落比較晚，備完餐食與用餐之間，我常常能挪出一些空檔來做點事或看點書，這是一天當中，風與光線最好、也最悠閒的時刻。

這條褲子是前一天在烏節路上給Pony買的，她的舊褲子取名叫「花花褲」，已經穿了四、五年。Pony從不嫌棄接收姐姐的舊衣褲，所以加上姐姐去美國前留給她的那一條，總共有兩條「花花褲」。白底小玫瑰的圖案很可愛，純棉像沙龍一樣的大方布，以細繩在腰間自由一繫，成為一件寬鬆舒服的長褲。隨著Pony身高的改變，「花花褲」從九分褲慢慢變短，越來越有型，如今已像一條時髦的瑜珈褲，長短恰到好處。

因為有兩條，Pony就自己把另一條染成了玫瑰色，連台東外婆都稱讚好看，只是一不小心，有一次就把家裡同洗的一些東西都染成了粉紅色。我們常常看到那條褲子就忍不住要發笑，希望跟它保持足夠的安全距離。

Pony的手跟她的腦是一對好朋友，她可以把一些東西變得奇妙可笑，因為常常太意外，所以我們對這種特質又愛又怕，不知道東西到了她的手中會變成什麼模樣。她的舞蹈社才發下一件T恤，她剪刀一剪，把領口加大，馬上變成另一件衣服。剩下的布料安排安排，又多出一個念書時可以用來把頭髮整個梳理起來的包頭巾；她有時一把拉到鼻頭上套著，又像一個日本的夜行者。

學校需要一條跳舞用的緊身褲，她說不用另外買，直接剪掉一條我的厚褲襪的襪底；翻弄一下，還把剩下的一截改成一雙短襪要送給爸爸。爸爸看了苦笑說：「我怎麼能穿這個？」Pony很意外：「爸爸不喜歡嗎？」她又動剪刀，再剪成更短的一雙給自己穿。

Pony喜歡創造，卻不喜歡做制式的手工藝，從小就不肯為現成畫好的描邊圖上顏色，那些用來給小朋友練習或打發時間的半成品，她一樣也不肯做。知道她喜歡為自己出主意，所以我最需要的工作就是常聽她的想法。

買了這條睡褲之後，我也猜她會想要改動一些，但是一場接一場的考試在忙，於是想著自己或許可以幫忙做點現成的縫工，就算作為她小小的打氣。她好高興，比弄長度，剪下的褲腳，馬上又拿去套在頭上當髮圈。

我縫著下襬，在針與線的穿梭中，想著自己對孩子的「寵愛」說起來也真奇妙。希望她們在行為上自律，因此生活的管教有許多嚴格不讓步的地方；但在許多原創的意念上，我又總是看重她們的想法，也願意在生活中撥時間聆聽、陪伴或同工。

似乎每對父母「想給」與「能給」孩子的東西都不盡能吻合。有的父母能給萬貫家財卻不能給相處；有的能給時間卻自嘆物質不如人；也有些則從未檢視過自己有什麼、或想給什麼。

我繼續縫著手邊即將完成的褲腳下襬，回想著養育孩子這二十幾年間，有多少次自己做著這樣的小事時，心中卻當它是大事一件。也許，這就是我的「想給」與「能給」完全沒有衝突的時刻，也是我最給得起的無邊寵愛。

自省之後的實作

＋無意間從朋友寄來的e-mail得知Bubu的媽媽書，快速看完後又幾乎天天上妳的部落格，我實在難以想像，在台灣竟然有這樣的媽媽！同是成大中文系畢業的我，五年九班，如今兩個小娃，一個四歲男孩、一個一歲多女孩，紛亂的全職媽媽生活，有時幾乎亂了陣腳，心想何時才能喘一口氣？從Bubu的書和部落格，我看到一絲自己做媽媽的價值，也再度喚醒我當初要做全職媽媽的託付感。如此溫柔婉約的妳帶出來的兩個孩子，不是我閱讀多本育兒書所得見的，這一切，我著實得了鼓勵。

孤燈下，孩子們都睡了，記錄了足足三本的育兒日記，我也曾夢想自己有一天能出本育兒書。想來也真好笑，捫心自問，當下我迫切需要的，應該是好好的為孩子先生做三餐

吧！並且認真地過生活，用心對待每一件和孩子有關的事。謝謝妳的愛與分享，祝福妳！——Debbie

Dear Debbie，我想如果我給人一種當媽媽很愉快的感覺，多半是得力於我的確很喜歡做家事，我把一成不變的生活事弄得很開心，所以孩子也總是很開心。許多媽媽們也都想把生活過得更豐富一些，即使時間與孩子限制了我們的某些行動，但心情的愉快是永不會被限制的。有一天，我們會感謝孩子曾使我們如此安定過；等妳跟學姐一樣老的時候，妳會發現簡單的生活步調也可以熱鬧豐足。——**Bubu的回應**

開學日

不管妳上了哪些學校，媽媽都非常佩服妳。
只是，如果有人問起我，我不要幫妳隱瞞妳的第一志願。
因為我不喜歡在生活裡編織這種不必要的藉口，我但願我們都有一種真正的自由。

今天是Pony的開學日，但是早上五點，她就坐在樟宜機場等清晨從紐約飛抵新加坡的姐姐。

Abby回來前在電話中跟我說：「媽媽，我都忘了Pony已經十七歲了，現在我的行李箱裡有一堆買給她的糖果，Pony一定很開心！」那個被稱為「做事像大人，看起來像孩子」的Pony，是姐姐的密友，有時候更是姐姐的軍師，但是在我們心靈的某個角落，她似乎永遠都是個小小孩。每個家人到異地，總會想到寵愛的她，所以行李箱中的禮物常常像是給五歲的小朋友。

今天的Pony真是太開心了，姐姐回來了，學校也開學了，她終於成為十二年級生。在SAS，Senior走在路上就是有一種特別的氣息，他們是每年學校的焦點，功課與活動都非常沉重，但是這種緊張氣氛也使得Senior因此而穩重成熟。

開學前兩天，Pony在電腦前打著一份詩的整理，應該是為新學期文學AP所做的準備。我站在她身後問道：「開學的事都準備好了嗎？」她說：「都準備好了，不過，沒有太多的事。」我又抱著她的頭說：「除了一顆要迎接新知識的心之外，應該沒有太多要準備的吧？」她笑著回應我：「就這麼多而已！」

我想起三年前的這一天，也是這樣的開學日，我給Abby寫的一封信。三年後重讀，更覺得母親的工作雖然因為經驗重複而熟悉，但面對不同孩子的時候，母親的心情卻永遠是新鮮的。

今天，要為Pony加油！這是她在高中最後的四個月，十二月她即將提前畢業，我們也要帶著她展開新計畫與新生活。期待在高中的最後一學期，知識與藝術的啟發都能讓Pony成長、充實、愉快！

給Abby的一封信（二〇〇四年八月十六日）

Dear Abby：

明天就要開學了，妳大概會睡不著，既緊張又興奮，對不對？算一算離十二月一號只有四個月不到，這四個月卻是十二年級最重要的時刻。媽媽要提醒妳，不要急、不要貪多，為自己預留多一些的時間來重校那些暑假中寫成的文章。

媽媽很抱歉，在這個暑假沒有花時間來看妳所寫好的草稿，但是斷斷續續聽妳說起的內容，卻常常在工作的間歇中自然地湧上我的思緒。

或許潛意識裡，我是故意不去看妳的草稿。我怕自己給妳太多意見，但是我又清楚這些要寄給大學的散文，最重要的是真誠地呈現妳自己的所思所感。我希望自己不要做妳的第一個校稿者，請妳的同學們看或許會更客觀些。不過對於文章和這個學期的整個大方向，媽媽還是有些建議。

妳在寫給大學的散文時要放輕鬆，不要預設他們會「喜歡」怎樣的內容或哪一種典型。妳所要申請的學校歷史都很悠久，他們要的學生特質絕對不是可以刻意去迎合的。仔細思考題目的意義，做妳自己最誠懇的表達，這樣就夠了。永遠記得，文章之所以能感動人，不是文字的優美而是情感與觀點的真實。

去年我看一些朋友的孩子們寫散文，最大的問題是太晚準備，所以越逼近截止日期就越是寫不出來。另外，患得患失也讓他們的寫作變得窒礙難行；網路上的消息看太多、前人的經驗聽太多，讓他們誤以為每個大學似乎都有個標準範本似的。媽媽希望妳不要這樣想，大學需要透過文章來認識陌生的妳，所以，就讓自己像自己吧！

另外，媽媽想跟妳談一個關於獲得「自由」的想法。最近妳常會叮嚀我們：「不要告訴任何人我想去耶魯！」或是：「如果我沒有上耶魯，暑假我就不回台灣了，我要躲在新加坡的家裡痛哭！」妳一邊笑一邊說。Abby，知道同一個時候媽媽心裡想的是什麼嗎？——我哪能由得妳在家裡痛哭，無論如何妳得陪我們全家去一趟日本。為了妳，我們已經取消好幾次的家庭旅行了。

不管妳上了哪些學校，媽媽都非常佩服妳。只是，如果有人問起我的時候，我不要幫妳隱瞞妳的第一志願。因為我不喜歡在生活裡編織這種不必要的藉口，我但願我們都有一種真正的自由。

我記得上學期去看輔導老師的時候，她說以妳目前的成績，上康乃爾、杜克、西北都不讓人訝異；但是像耶魯、芝大這樣的學校，他們就不敢確定地說，誰一定上得了、誰又一定上不去。

媽媽覺得，妳在自己的條件裡已經做了最盡力的準備，妳挑戰的是多數亞洲人避而遠之的文科，語言學是妳唯一的志願，我們也為妳的選擇感到興奮。如果妳上了耶魯，那當然很不容易，但是如果妳沒有上，我們也不要為了維護妳或全家的面子而刻意隱瞞，甚至去編些毫無意義的藉口。

我們都知道競爭非常激烈，但是總要為被錄取的人喝采，並為自己曾跟他們同赴競爭而感到榮耀。

Abby，人生中總要有第一志願，這麼美好的事是不用怕任何人知道的，因為那是努力的標竿而不是成敗的定論。現在妳努力為大學四年做準備，大學四年妳為下一個學程或工作做準備。不虛度每一個學程，才是我們送妳受教育最大的目的。

妳可知道媽媽從妳身上得到多少鼓勵？我喜歡妳的堅毅，我想跟妳學習，希望妳也跟媽媽學生活中的自由之道。

媽媽的筆記裡有一段很棒的話，送給妳作為開學的禮物，加油！

「人生最了不起的事，不是你站在什麼地方，而是你朝什麼方向走。駛向天堂，有時順風有時逆風——但是我們必須不斷地航行，不可漂流也不可停泊。」

媽媽

重修分別的功課

這幾天，我時時想起自己當母親的功課，
就要結束貼身照顧的形式，轉而修習遠距掛念與溝通的課程。
雖然三年前，我也曾修過這門課，但並不因為是重修而感到輕鬆容易。

抵達費城後，為了調整時差，我們每晚都早早上床，黎明即起，不折不扣是清晨早起的鳥。

今天，我們果真比鳥還要早起。從飯店走到市政大廳的附近，夜幕倏然收起，晨光初現、鳥聲齊鳴。一群群麻雀飛燕從四面八方的樹上與建築物裡環繞而出，陣容好龐大。

散步而行的間歇中，Eric跟我坐在樹下休息，突然感嘆時間怎會過得如此之快？記得第一次懷著忐忑難安的心情送Abby來入學，不就是昨天的事嗎？整整三年可是一千多個日子，這麼多個晨昏，怎能以眨眼的速度就呼嘯而過？我好不容易才對Abby離家的感覺有了一些適應，怎麼又馬上要面對Pony緊接著出門的惶惶？

Pony離開台灣的前兩個星期，我的生活作息雖然看起來是正常忙碌的，但心情已完全不對勁。我常常忙著一件事就忘了另一件該做的事，工作更完全談不上「效率」。

我每天都問Pony：「學校的事都弄好了嗎？我們還有什麼該準備的？」但自己卻只無由地感到倉皇，不知道該動手做哪些事。我常常感到喘不過氣、胸口痛，儘管知道那是

Pony要離開，我在學習割捨所造成的壓力現象，卻無法輕易把它甩開。有幾次開車在路上，這些感情突然襲我而來，我急急哭過一場而後下車購物或辦事，無心顧及別人對我紅腫的眼睛會有什麼樣的想法。

家裡不只是Eric和我，連Bitbit也跟平常大大不一樣。本來，我們每天放牠出來玩的時候，牠有自己固定的路線、喜歡玩的地方。在Pony離開前的幾天，Bitbit卻每次出來都只繞著Pony跑，她走到哪裡，Bitbit就跟到哪裡；她坐下來工作，Bitbit就在桌下把她的腳舔得滿是口水。這些舉止是Bitbit從來沒有過的，我在一旁看著，只覺得詫異，難道Bitbit也知道姐姐不再能天天跟牠在一起了嗎？牠也開始覺得分別就在眼前了嗎？

這半年，Pony為Bitbit畫了很多畫，有一些就放在她房裡的書架上。Bitbit的水彩像毛絨絨、側邊眼睛亮晶晶。我不能盯著那些畫看，因為畫裡的Bitbit，總是很快在我的眼底模糊成一片。

有一次，Pony在車上對我們說：「以後別人問你們有幾個孩子，應該說『三個』——兩個女兒、一個兒子。兒子小很多，眼睛咕嚕咕嚕轉，耳朵大大的，很調皮，還沒滿一歲，白天睡覺，晚上起來胡鬧……」她一邊說，我們一邊笑，在百感交集裡想像不久之後，只有Bitbit能得我們寵愛的日子。

Pony三號開始新生訓練，我們提前抵達費城是想與Abby相聚。Abby還沒有開學，但工作已經開始忙，忙裡也堅持要把妹妹接去同住，並安排帶我們到處逛逛（因為工作的關係，這三年她已把費城摸得很熟）。有個黃昏，我們先去小義大利和瑞汀車站市場買菜，等Abby下班後，一起在她們的宿舍煮一頓晚餐。我們跟幾個大孩子過了一個有趣的晚上，也實際體會了忙碌大學生努力追求的生活暖意。

這幾天，我時時想起自己當母親的功課就要結束貼身照顧的形式，轉而修習遠距掛念與溝通的課程。雖然三年前，我也曾經修過這門課，但並不因為是重修而感到輕鬆容易。

我只能希望，自己慢慢加油；在學習放手時，也紀念孩子為使我們放心所做的努力。

遠

我一瞬都不想錯過地緊盯著傘下那張半掩的臉與飄動的髮絲，
終究忍不住眼前一熱。想起餐後就要來臨的離別，
多麼祝福Pony真正剪斷臍帶的新生活，又多麼不捨就要放開緊牽了十八年的手。

要離開Providence的早上，清晨就下起雨來了。我們跟Pony約在學校另一棟宿舍的餐廳裡一起吃早餐。

從飯店走到餐廳大約五分鐘，Pony從宿舍下坡過河也大約是五分鐘。快到大樓的門口時，我遠遠看到橋上移動的一把灰傘，傘下的女孩上身套著長袖米色連身帽的棉衫，鐵灰色的牛仔褲紮在齊膝的平底靴裡，她的身影襯著校園裡一幢幢紅磚白泥的小屋與層層的綠樹，向我們走來。

我一瞬都不想錯過地緊盯著傘下那張半掩的臉與飄動的髮絲，終究忍不住眼前一熱。想起餐後就要來臨的離別，多麼祝福Pony真正剪斷臍帶的新生活，又多麼不捨就要放開緊牽了十八年的手。

用餐之間，Pony跟我們說起他們學校最著名的冬季課程，因為有那六週，所以前

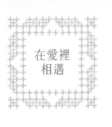

後兩學期的時間就比其他學校短一些，「其實，仔細想想，我的學期是很短的，我很快就會回家。所以，不要傷心。」

從小，我們規定孩子跟我們都說中文，但那句「不要傷心」，Pony卻用英文。我想，對她來說，要用中文講出這兩個字，也許更是傷心的感覺。

上星期天下午，Abby從Providence回費城，我希望她吃飽再搭機。用餐的時間很趕，所以她得直接從餐廳往機場去。我與她擁別時，完全無法克制眼中的淚。Eric陪Abby走出餐廳後，Pony把我牽回座位、給我面紙，然後也是這樣輕聲地對我說：「媽咪！不要傷心，不要傷心。」

離開餐廳後，我要Pony回去了，但在雨中分手的時候，她卻堅持我們先走。我頭也不敢回地和Eric擠在小傘下踏上濕淋淋的道路，希望她看著我們離開時，心裡不要難過、不要傷心。

Eric與我搭上火車，我們出羅德島後沿康乃狄格州南下，而後進入紐約州，準備從紐澤西的紐華克機場轉機到洛杉機。我一路都在想，這真是一條好遠好遠的路。等我回到家後，我與兩個孩子的時間雖然在數字上一模一樣，但日夜卻是顛倒的。那晝與夜就是美東與台灣的距離；那不能在晨起時去她們的房裡探望酣睡的失落，就是我們之間真正的距離。

我過了整整三十個小時才從羅德島回到家中。三十幾年前，當我還只是十二歲的

Pony大學校園前的河。分別的那一天，我看著她從雨中走來，
在眼前的一片模糊中，我知道了遠的距離。

孩子，也是這樣幾度轉乘不同的交通工具從台東到台北去求學。「遠」對我來說，早已是情感中最深刻的經驗。

媽媽說，當她第一次送我去車站時，我揮揮手之後，突然從窗口消失了。她很著急，之後問了陪我的姐姐才知道，我整個人縮到椅子下躲起來哭。十二歲對遠的畏懼與離家的傷心，其實是從來都沒有忘記過的。所以，如果可以祈求，我但願這「遠」與「離」的難過，只由我來感受；但願Pony能被新生活的美好緊緊包圍，忘了家的遠，放下思念的負擔。

蔡穎卿作品集1

在愛裡相遇——做個好大人，給孩子一份沒有虧欠的愛

作　者—蔡穎卿
攝　影—Eric
扉頁插畫—Pony
主　編—郭玢玢
美術編輯—周家瑤
專案企劃—艾青荷
校　對—郭玢玢、蔡穎卿

總 編 輯—余宜芳
董 事 長—趙政岷
出 版 者—時報文化出版企業股份有限公司
108019台北市和平西路三段二四〇號五樓
發行專線—（〇二）二三〇六—六八四二
讀者服務專線—〇八〇〇—二三一—七〇五．（〇二）二三〇四—七一〇三
讀者服務傳真—（〇二）二三〇四—六八五八
郵撥—一九三四四七二四時報文化出版公司
信箱—一〇八九九臺北華江橋郵局第九九信箱

時報悅讀網—http://www.readingtimes.com.tw
電子郵件信箱—ctliving@readingtimes.com.tw
法律顧問—理律法律事務所　陳長文律師、李念祖律師
印　刷—華展印刷有限公司
初版一刷—二〇〇九年三月二十三日
初版二十刷—二〇二一年十月二十六日
定　價—平裝三二〇元
精裝三六〇元

在愛裡相遇 / 蔡穎卿著. -- 初版. -- 臺北市
: 時報文化, 2009.03
面；　公分. --（作家作品集；51）

ISBN 978-957-13-5008-0（平裝）.
ISBN 978-957-13-5010-3（精裝）

1. 親職教育 2. 子女教育

528.2　　98003733

ISBN：978-957-13-5008-0（平裝）
978-957-13-5010-3（精裝）
Printed in Taiwan

編號：CM0051	書名： 在愛裡相遇
姓名：	性別：＿＿ 1.男　2.女
出生日期：　年　月　日	連絡電話：
＿＿ 學歷：1.小學　2.國中　3.高中　4.大專　5.研究所（含以上）	
＿＿ 職業：1.學生　2.公務（含軍警）　3.家管　4.服務　5.金融　6.製造　7.資訊　8.大眾傳播　9.自由業　10.農漁牧　11.退休　12.其他	
通訊地址：□□□＿＿縣(市)＿＿鄉鎮區＿＿村＿＿里＿＿鄰＿＿路(街)＿＿段＿＿巷＿＿弄＿＿號＿＿樓	
E-mail address：＿＿	

（下列資料請以數字填在每題前之空格處）

＿＿ 購書地點
1.書店　2.書展　3.書報攤　4.郵購　5.網路　6.直銷　7.贈閱　8.其他＿＿

＿＿ 您從哪裡得知本書
1.書店　2.報紙廣告　3.報紙專欄　4.雜誌廣告　5.網路資訊
6.親友介紹　7.DM廣告傳單　8.其他＿＿

＿＿ 您希望我們為您出版哪一類的作品
1.心理　2.勵志　3.成長　4.潛能　5.知識　6.其他＿＿

您對本書的意見
＿＿ 內容　1.滿意　2.尚可　3.應改進
＿＿ 編輯　1.滿意　2.尚可　3.應改進
＿＿ 封面設計　1.滿意　2.尚可　3.應改進
＿＿ 校對　1.滿意　2.尚可　3.應改進
＿＿ 定價　1.偏低　2.適中　3.偏高

您的建議

請沿虛線撕下後對折裝訂寄回，謝謝！

以熱情生活的身影與愛，
分享教養的啟思、體現實作的哲學。

蔡穎卿
作品集

我們非常重視您對本書的意見，請踴躍寄回本卡，將可獲得蔡穎卿的最新出版訊息。

請寄回這張服務卡（免貼郵票），您可以——
●隨時收到最新消息。
●參加專為您設計的各項回饋優惠活動。

地址：108019台北市和平西路三段240號5F
電話：（0800）231-705（讀者免費服務專線）
（02）2306-6842·2304-7103（讀者服務中心）
郵撥：19344724時報出版公司

廣告回郵
北區郵政管理局登記證北台字2218號
免貼郵票

請沿虛線摺下裝訂，謝謝！

別冊附錄

與好大人們的教養對話

關於時間

提前準備、捨去次要，
是在忙碌中維持教養職責唯一的方法。

Q 在公司裡，有來自上司和職場競爭的工作壓力；在家裡有照顧小孩而疲累的身體壓力，以及面對公婆、老公的生活壓力；還要面對物價上漲、薪水沒漲的經濟壓力……這麼多沉重的壓力該如何紓解？

我的筆記中有一句話說得很好：「我一聽人嘆氣說：『人生好苦！』就想問他：『和什麼相比？』」不是我不了解這些壓力，但是我相信，每個人的生活都一樣要一步步經歷、克服這些壓力。對我來說，「做」與「面對」就是解壓的方法。

Q 睡眠時常夢到自己還在加班開會或工作，應該如何紓解？

我也常在夢中工作，倒是沒想過如何紓解，但會提醒自己該更早把工作安排好。也許是因為工作的密集，我也更能感受到偷得空閒時的樂趣。我相信這是人生中某一個階段必然要經歷的考驗，往後展望吧！看到自己從中磨出的能力，也是一種安慰與獲得。

Q 對於身兼職業婦女與媽媽的雙重角色，請問您有什麼建議，可以克服時間不夠用的問題？

我相信時間永遠都不會夠用，所以思考每個階段中最重要的工作是什麼，來決定時間的花用，就是我的生活考慮。我鼓勵媽媽們把家務能力培養起來，最重要的分享也就是具體的善用時間。我們常覺得緊張是因為生活很亂，所以有效率地處理生活雜事非常重要。而「提前準備」和「捨去次要」，就是我在工作中維持母親職責唯一的方法。我們在工作中常會要求效率，同樣的自我期許也可以放在母親這個工作上。一旦都能把生活中的瑣事安排好，自然會覺得天地寬一些，母親的三頭六臂也應用得更自在些。

Q 因為生活忙碌，以致和小孩相處時總像在打仗，希望他們能盡快完成吃飯等小事，有什麼方法能讓孩子養成靜靜閱讀、休息的習慣，不要一直吵鬧？

我在很多場合都聽到父母口中的親子生活就像個戰場，命令與喧囂聲不斷。我想，面對這個階段的生活就有點像都市的顛峰時間，你會發現，如果我們提早一點出發，可以早早就到辦公室；但如果一定要把時間算得逼緊，就永遠緊張忙亂地在最後一刻才抵達（或遲到）。我面對忙碌的方法就是提前準備。越知道自己可能的忙碌，就越會提前做準備，因為我不想把自己逼到暴躁。不管是提前一點起床或每晚為隔天的生活做好準備，我知道從容才能平靜。

Q 先生在越南工作，而我覺得一家人不論環境多艱難都該在一起，我希望先生也能參與寶寶成長的機會，所以帶著三個月大的兒子到了胡志明市，自此開始了我和先生無盡的爭吵。我們在外租屋，一切家務都是我自己來，我很喜歡做菜，心中的夢想是先生下班回到家，我已經差不多完成了晚餐，等他梳洗後，一家人在餐桌邊享受天倫，但實際的狀況卻是像個戰場！一會寶寶哭著要人抱，另一頭鍋中煎的魚冒出了黑煙，先生又喊著缺什麼……到現在寶寶快一歲了，正在學走路，跌跌撞撞，我更無法完成美麗的夢想……外派的爸爸們越來越多了，能否分享一些您在兩位寶貝小時候的親子相處及教育引導的方式？

許多新手父母對生活感到忙亂，有很大一部分原因，是因為處理家事的能力在成立小家庭前沒有準備足夠，所以我才一直提倡做家事的想法。

雖然妳把自己描述得有些手忙腳亂，但是妳希望進步，這個心願一定會讓妳得到生活的美好。從小因為母親的教育，把我訓練得非常擅長處理家事，這種排除生活雜亂的能力，總讓人覺得我過得很悠哉。大女兒Abby七個月，我就開了一家小小的餐廳，一邊工作一邊帶孩子，沒有幫手，但嬰兒的每一件衣服都還是自己親手燙的。回想起來，家事的能力使我得到很大的自信，我總覺得可以好好掌握生活，然後又在不斷的自我訓練中加深能力。我覺得妳一定會漸入佳境，在遙遠的異國要加油！我也會為妳加油！

關於生活

教養孩子，
就從每天安定的生活照顧開始，
也要給予自由、樂於分享。

Q 孩子總是把房間弄得一團亂，要求他自己整理總是當耳邊風，幫他整理好卻沒多久又弄亂，要如何才能讓他自動自發維持整潔呢？

當然不是每個孩子天生就喜歡做家事，所以維持家裡的整潔，可以從美感與家庭成員的責任感雙向努力。跟他動手一起重新調整自己房間的布置，讓他感受自己與這個小天地的環境關係，再進而要求他做好自己房間的清潔整理，不要一下子就進入幫忙打掃與指責的最後一步。

Q 兩歲的小孩一天需睡飽十二個小時，但孩子讓我頭痛的是：好言相勸得花兩個多小時才肯上床睡覺，用威脅的口氣則要一個半小時，晚上還會做惡夢。該如何解決這個問題？

每個人的體質都不同，請先不要緊張那理想的數字。我想，不要威脅，如果妳要花兩個多小時來「用力」哄她，為什麼不在屋裡用寢具布置一個可愛的角落，一起躺著說說話、講講故事，讓氣氛比較適合睡覺？如果妳總是很緊張，隨著時間一分一秒消逝，也許孩子會在這種氣氛中變得更亢奮。

Q 我蹲下來跟兒子說：「可以快一點穿鞋嗎？媽媽要遲到了……」當下孩子也許有快了一點，但做另一件事又慢了起來。請問該如何讓孩子體會動作快一點帶來的成就感呢？

妳可以考慮用不上班的兩天，跟孩子討論這個問題並練習，妳也可以把它變成很好玩的競賽活動。不要只在當刻想到這個問題，工作中的媽媽，有許多事不得不利用週末來做，但妳會為這付出感到高興的，因為這會大大減輕工作日的負擔。

Q 小孩子很愛吃零食，可是怕他吃了會蛀牙、會胖，對身體也沒益處，可是他想吃該給他吃嗎？

我在幼稚園推行帶孩子自己做糖，以減少他們亂買零食的慾望，成效很不錯。也許妳可以試試看，帶他自己做點東西以滿足心情，又能選擇與控制食物。

Q 小孩愛打電玩怎麼辦？

和他一起做更有趣的事，讓他培養出探索、感受多方興趣的可能。讓生活規律也是很重要的基礎，千萬不要在自己做喜歡做的事時，就放任他打電玩。妳一旦立出規定，自己就千萬不要去破壞它。

Q 可否多分享您對女兒們的幼年教育呢？另外想請問您的女兒小時候若您犯錯，您會處罰她們嗎？若不處罰又是怎樣處理呢？

其實這二十年來，我照顧孩子的方式都差不多，就從每天安定的生活照顧開始。我很重視孩子的精神愉不愉快，所以許多小事或小樂趣就掌握得特別好。我深信孩子要在生活中成長，所以我的孩子其實比其他家庭的孩子在知識的灌輸上晚了許多，等她們身心都比較成熟之後，才開始知識的學習並且不間斷的努力。

我給孩子們保留很多「自由」，也就是讓她們能充分的表達自己而不是一直受著指令。我仔細聆聽她們的童言童語但不去逗弄；我為她們準備很好的餐食與生活空間，用日常生活的小事來表達我的愛與學習生活的美好。我所做的其實只有這麼多。等她們長大，我就分享她們的學習喜樂或幫忙解決面對的問題。

我不常罰孩子，尤其在小的時候，但是我觀察她們犯錯的過程。我很愛找「問題」，找到問題了再決定怎麼處理。

關於管教

任何孩子都不需要過度瑣碎的規定，
但需要父母好的身影來跟隨。

Q 我常聽人家說父母管教孩子要堅守原則，三心二意會導致孩子無所適從，對父母的指令也不當一回事。原則真的那麼重要嗎？如何在原則與彈性之間拿捏得恰到好處，也不會傷害親子關係？

原則就是：說到的事，自己也遵守。如果我跟孩子說，責任很重要，我自己當然就要把持家與工作的責任都善盡，這就是原則。父母當然是不能三心二意的，這樣會讓孩子沒有安全感也無所依循。做法上可能是彈性的，但價值觀要經得起一致的檢驗。任何人都不需要過度瑣碎的規定，但需要一個好的身影來跟隨。我們要做的不是事事討論，而是對自己提出的生活準則徹底執行。

Q 我家寶貝今年十個月，已經有自己的喜好，若是拿走她要的東西（有時候可能是危險物品），她就會開始大哭大叫，這時候應該如何管教呢？有些媽媽會建議要盡量滿足0歲的小baby，別讓她哭，那是不是就不要管教了呢？

我想所謂的管教，並不是一次到位或一種標準的事。十個月大的孩子在探索她的世界，也在建立擁有的感覺，把危險物品從她伸手可及的範圍裡排除是更重要的課題。讓她拿到、擁有、決定什麼時候放下，也是一種重要的學習，分辨與節制的功課，應該在大一點開始。

Q 小孩喜歡管別人，卻不喜歡別人管他，自己功課沒做好，卻一直說誰功課沒做好就可以玩電動，他為什麼不行？每當有人說他，他就說：「我哪有，你管好自己就好！」這該怎麼辦？

喜歡管別人的孩子，應該也是從經驗中模仿，所以我想應該先不要常常「唸他」，或是把對他的指正從「功課未完成」又轉到「喜歡管人」這個主題上。不要常常給孩子無謂強辯的機會，討論的時候要把重點鎖定於主題。功課沒做完，就討論該怎麼做，不要分散注意力，轉而去討論他的藉口。只要慢慢養成這種討論習慣，孩子會知道藉口是沒有意義的。

Q 每天至少有一次以下的對話：「不行，不可以，你再怎樣就修理你！」可是教養書上寫的都是盡量不要出現這些話語，該怎麼辦？

制止與引導前進是不同的，但父母卻多半只願意把時間與精力拿來制止孩子。我看到一個母親想要孩子安靜，她說的是：「閉嘴！安靜！」而不是：「對不起！媽媽現在要看一份重要的東西，你可以幫忙我專心嗎？」或其他可以解說更清楚、安排更具體的方法與話語。不管年齡大小，孩子需要的溝通都不是簡單的制止或同意，試著告訴孩子你的狀況以及他該做的下一步，會幫助你和孩子更清楚你們該如何同工。

另外，我覺得「修理你」聽起來好讓人心疼。

Q 小孩經常犯同樣的錯誤，而且有時講了之後還是我行我素、不怕大人，妳覺得體罰好嗎？

體罰或許會讓妳感到用處不大又自責，我們還是不要往這方向想好了。先把犯錯真正的原因找出來，是沒聽清楚？沒聽懂？或總是漫不經心？我們糾正孩子，是要幫助他們解決常態的習慣問題，體罰並不能收長久之效。因為不知道那所謂的「錯誤」是什麼，還是建議妳先找出他做事的方法有沒有具體的錯誤。

Q 我兒子八十五年次，喜歡閱讀、也很愛打電動。他其實還蠻乖的，可是我下班回家總是看他不順眼，因為他常常姿勢不良，或坐或躺或駝背；近視又不戴眼鏡，做事馬馬虎虎，只想一直看小說或打電動。有時候，他一大早五點半起來打電動，我很歇斯底里地罵他，有一次甚至還把電源線拔掉，事後很懊惱。其實我是很氣我先生，他也是超級電玩迷，很胖又不運動，我勸不動大的，偏偏兒子又跟他一模一樣……這樣的處境究竟該怎麼化解？

請讓我把妳的問題分成兩個部分。首先是看孩子「不順眼」的問題。當我們心裡有一種隱憂又沒有徹底面對時，就很容易演變成這種反應。一回到家，看這看那都不對勁，總想著：「你難道不能……嗎？」雖然妳講了好幾個細節，但所有的挑剔都在訴求妳對孩子馬馬虎虎、不謹慎的反感，而且我相信這個感覺也讓妳對他成長中一直在養成的習性非常擔心。那擔心壓迫著妳，但妳卻怕自己講得過度，所以忍不住時就釋放一些怒氣，於是變成瑣瑣碎碎的叨唸。

如果我是你，我會跟孩子好好談談，先講大的、整體的擔憂，再告訴他，這擔憂不是沒有根據的，因為妳已經在生活中看到各種問題。雖然生活中的教養問題的確很細密瑣碎，但我們處理的方法卻不能因此而毫無重點，見一樣、講一樣。最重要的是，不要讓妳的擔心壓住自己，每次只面對一點點，這種一點點的發洩卻不斷在生活中反覆。

電動玩具的事，我想妳要先跟先生好好溝通。在孩子成長的重要階段中，大家都唯恐沒有足夠的時間來做親子的陪伴與溝通，把時間拿來打電動，也許稍微浪費了一些。但這是整個家庭要取得共識、要重建著眼點的地方，不是一個建議可以得到的改變。

Q 我家小朋友三歲了，卻總是無法獨自專注做一件事，只要大人做什麼，他就跟著做，對他軟硬兼施也無法改善，應該怎麼辦？

如果他喜歡跟著大人做，就仔細想想那件他想參與的事，有沒有哪個部分是他真的可以多做一會兒的動作。現在的孩子處在不斷接收刺激，眼睛與耳朵都很忙的世界，要努力讓他有一些安靜的時間與環境，才能培養出專注的習慣。

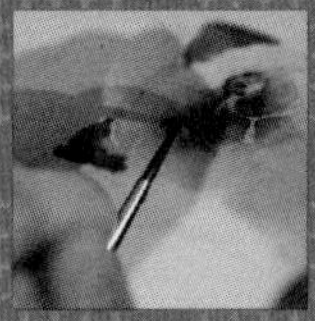

關於學習

密切注意孩子的各種需要，用成熟的眼睛觀察孩子與學習的關係。

Q 雖然尚未結婚生子，但深覺教養孩子實在需要許多方法與思量，因此也陸續接觸相關書籍。關於孩子是否要很小就開始上安親班，似乎該好好考慮，只是這能有規劃書嗎？可否談談這方面的經驗？

我想對父母來說，最困難的是自己期望的教養方式能與生活條件配合，而不是哪一種形式最好。以我來說，再困難也希望把孩子帶在身邊，所以我就不能選擇朝九晚五的工作；然而，自己創業雖然時間較為自由，但精神的負荷很大。所以，我覺得這是一個選擇的問題。先做一個最想要的選擇，然後在選擇中規劃，這就是我二十一年來面對生活中所想所做的事。

我可以學習別人的精神，但我得用自己的方法。因為自己的生活自己最清楚，我的目標是如何能達到生活中的最高效益。

Q 孩子總是要大人一再督促才願意去閱讀，但說到要打球則非常主動，要求取平衡還真是難。如何才能培養孩子自動自發的閱讀習慣？

每個大人或孩子都一樣，自己領略到最多樂趣的事，最能自動自發地投入。通往閱讀樂趣的途徑有很多種走法。有些孩子從故事進入、有些孩子從別人讚美他有豐富的知識進入；我因為童年非常孤獨，而領略安靜中有一位永遠的朋友叫閱讀；我的孩子則可能是從轉換教育中所須克服困難的挑戰下，體會自動閱讀的重要。父母不該把喜愛閱讀當成一項才藝那樣，希望可以籠統地培養，而應該設法以不同的引導與孩子共嘗閱讀的喜悅。最重要的是，我們要先自己喜歡閱讀，並能分享書所帶給自己的喜悅。如果我們每天都有閱讀的習慣，說服孩子靜下心來與我們一起閱讀的可能，自然就增加許多。

Q 坊間有許多培養孩子外語能力的理論與方法如母語學習法等，也有許多相關的商品如迪士尼美語教材等，請問是否真有其效果？

我沒有用過這方面的教材來訓練孩子，無法給大家很好的建議。但是我相信語言的學習跟所有學習一樣，不可有取巧的迷思，以為擁有什麼條件，就一定會達成什麼結果。我的孩子轉受英文教育後，我更肯定努力還是最重要的一件事，一樣在英文環境中長大的人，雖然日常口語看來都不錯，但英文程度還是會有很大的差別。如果你以我們都受中文教育來思考程度上的差別，也許這套理論是你早已懂得的規則。

Q 家中小朋友要上小一了，已知道幼稚園和小學的差異，最近常問能不能一直念幼稚園而不要上小學，如何幫助他減少適應新環境的壓力？

雖然小一是一個新的啟程與開始，但不需要把孩子的不適應當作必然發生的狀況、或是他扛不起的擔子，媽媽的著急與擔心，有時會是他們更大的壓力。

上學了，妳的腳步踩得比他快，所有的東西他還沒能弄好，妳已經幫他做完，孩子會在這快得讓人頭昏的節奏中，亂了方寸與學習的途徑。不要擔心，只要妳每天保持跟他談話、了解他的狀況，他很快就會適應的。我今年也有個要上一年級的小朋友，她要去羅德島上大一，雖然我也擔心適應的問題，但是，我只能幫得剛剛好。讓我們一起努力吧。

Q 要怎麼幫助孩子決定自己未來的路？

在孩子面對自己的前途時，我沒有給她們太多的限制。我只是分析一個人在決定自己的前路時要考慮三個因素：志向、興趣和能力。這三個要件完全吻合的人當然非常幸運，如果不是，則要思考它的平衡。

老大在進大學時，我給她唯一的建議是「允許自己改變」。我覺得人在探索自己的過程中會有新的發現，這種改變是被允許的，我希望孩子能給自己保留這樣的機會，以免日後懊悔自己選錯路。

幫助孩子看清事情也是我想做的事。Abby進賓大後表現很好，大一結束時她詢問我們轉到商學院的意見，這是我們給她最具體的一次意見，希望她大學時留在人文學院。我告訴她，這並不代表我們反對她從商，而是希望她能利用大學四年，多花時間把人文學科的底子打好，不要一出高中的門來，就直接進入商學院專業的世界。我們並不擔心她不懂得金錢的意義，但的確害怕在這個價值膨脹的環境中，她會因為眼光的限制與接觸的領域狹小，而過度肯定金錢的力量。（我知道華頓學院有很多學生在大四就往來於費城與華爾街之間工作、念書，但這不是我們希望女兒在大學的歷練），如果她希望從商，我也希望她能因為有好的人文素養，而成為一個好商人。

Q 我有三個孩子，分別是八歲、三歲與二歲，正是可愛及可塑性強的年紀。我先生長期隻身在大陸工作，終於我們決定在今年暑假，全家搬到大陸團聚。然而，最大的問題也立刻橫在眼前，那就是即將升小二的老大，我們該如何幫他選校？

目前在大陸可以選擇當地學校、台商學校、雙語學校或外國人辦的國際學校，大部分朋友都建議我們既然到了大陸，就要念當地小學或雙語學校，這樣將來回台灣求學，程度上只會更好、更具競爭力。然而，看到妳家的寶貝在國際學校受教育，加諸有其他朋友分享國際學校的教育理念，我和先生也考慮把孩子轉到國際學校。儘管如此，也有好心人提醒，這樣孩子就只能送出國了。可以分享一下妳對這件事的看法嗎？我真擔心因為大人一時的虛榮或貪圖方便，造成孩子求學過程的困擾。

我完全可以想像妳此刻徬徨的心情，因為我也曾有過好幾次。每一次這樣的搬遷，孩子學習環境的轉換以及可能影響到後續升學的發展，都是心中很大的壓力。妳跟先生有沒有可能把五年或十年內可能的變動做一下預估？妳的孩子都還小，配合時間上可能的變動來考慮如何決定他們的學校，會有參考價值。

我想妳得實際去看一下妳所考慮的學校，問幾個比較資深的家長（不認識的人更好），妳需要的可能不是好或壞這麼籠統的說法，而是更具體的分析。比如說在教學方式影響下，這個學校的孩子大概有哪些特質、他們平日的教學特色是什麼？學校家長的共同期望大概是什麼？現在像我們這樣的家庭越來越多，如何讓孩子在變動中轉換腳步仍能把根扎深，決定學校只是第一步。搬遷過後妳所經營的家，對安定孩子的身心會有很大的影響與幫助。要密切注意孩子的各種需要，用我們成熟的眼睛實際觀察孩子與學習之間的關係。

大環境或許能給孩子某種程度的影響，但家庭永遠是他們基礎價值觀與能力培養的基地。不要擔心，有妳考慮這麼多的媽媽，路一定會走得踏實的！

關於責任

有責任感的孩子會延伸出兩種人格特質：他們比較能幹，也比較熱情。

Q 從書裡看到你們家很注重責任感的培養，為什麼許多家長都很關心孩子的成績或才藝，而你們覺得責任感那麼重要？這又是出於什麼樣的價值觀？您的價值觀又是怎麼來的？

我還沒有聽過「責任感」這三個字之前，我已經在充滿責任感的環境中成長了。我的父母親都是非常有責任的人。我稍有記憶，就看到他們對祖父母及家中的長輩親戚善盡他們對家庭的責任；在工作中他們不只是勤奮，還對屬下或員工盡到照顧的責任。所以我選擇責任感作為教養孩子的主價值，絕對是從家庭的傳承而來。

每一對父母都會從回顧自己的童年來尋找教養孩子的經驗，我也想把自己得到最好的東西給孩子。在我初為父母的時候，我檢視自己的生活，發現所有最好的推力都來自「責任感」，所以我決定要以它來作為教養的主軸。雖然知識與才藝也很重要，但是我很清楚，真正促使我的生活更進步的基本力量是「責任感」；經驗也使我相信，有責任感的人在知識的追求與才藝的發展這兩方面，都不可能太荒廢。

從父母、自己以及帶領孩子的經驗中，我看到有責任感的人會延伸出兩種人格特質：他們比較能幹也比較熱情。因為責任而完成任務，在完成一件事時，我們會觀察、學習並尋找更有效的解決方法，這種累積的學習經驗使一個人變得能幹；而有責任感的人，也比沒有的人更容易維持對生活的熱情。

我的大女兒Abby就讀賓大，因為生活費很高，她想再找一份兼差。她申請的那份工作是許多人想要的，所以經過了幾次面試。最後一場決定性的對答中，主試者問她：「如果有一天妳被我們解僱了，就妳對自己的了解，原因可能是什麼？」Abby告訴我，她想了想，然後這樣回答：「如果有一天我被解僱了，我認為最可能的原因是我工作過度。我一向對工作很熱情，我的另一份工作是在ＩＴＡ當經理，因為我一直都很努力，去年他們差一點付不起我的薪水。」結果她被錄取了。

責任感使我們因為熱情，所以也變得比較快樂，這些理由使我堅信，培養孩子的責任心有很多益處。

◇◇◇◇◇

Q 以您的經驗來說，孩子從小到大的每一個階段，責任感的養成方式是否有何不同？可以舉例嗎？

在我的家庭中，責任感的養成是循序增加的。方法大約相同，但是量不同、性質不同，隨著年齡，責任會一項項加重。

我的孩子知識啟蒙很晚，小時候，我看重的是她們能不能把自己生活上的小事學會、照顧好。有一次在美國聖荷西曾聽過阮大年校長在教會的一場分享，他說：「日本人教幼稚園的小朋友如何洗手、自己擦屁股這樣的生活小事；我們台灣的小孩，卻從小就學救國救民的大業。」

除了照顧自己之外，在這個階段我也很重視讓孩子體會自己與環境的關係。大環境雖然並不是我的私人產業，但每當看到這些美好的公共空間或器物受到孩子無心的破壞，總讓我很心疼，所以我希望我的孩子能體會這種關心環境的責任感。我曾帶她們在購物中心開門前去觀察店員阿姨們是如何花心力清理環境的；那些美好的結果只要她們隨意用手塗抹或破壞，環境就會變得髒亂。（我應該再說一下，還有大聲喊叫、隨地亂跑以及廁所清潔的維護問題。）

上小學之後，除了前兩個大項，最重要的責任問題當然是對自己的功課盡心盡力。雖然我們也帶領、也陪讀，但許多份內之事，孩子是一步步自己負起照管責任的。我們的分享與關心從未間斷過，但不是替孩子管理她的時間與工作。（例如：我們絕不會幫她整理單字卡或重點，甚至我還看到有媽媽幫孩子背書包、拿提琴、帶水壺。）功課之外就是家庭服務。除了幫忙做家事，我的孩子也從小就學習關心家中的長輩，我喜歡《論語》所說的：「有事弟子服其勞。」上了高中，她們的責任感就從家庭服務延伸到社區服務。責任感的實踐是由近至遠、由自身到社會的。如果我的孩子放著家裡的事不做，先去做社區服務，我並不會同意這樣的教育。

我的店裡有一位單親媽媽，兒子兩歲時先生就過世了。這位媽媽已經在我們店裡工作了九年，那個孩子等於是在我們店裡長大。我交代兩個女兒在放假中一定要幫弟弟上英文，這是她們能做、也應該做的事；而兩個女兒也想方設法讓弟弟對英文感到興趣。

Abby上了大學後，增加了一個非常實際的責任。她念賓大四年的學費與生活費，根據學校的預估約台幣六百萬。這是非常驚人的數字。在Abby入學前，我們夫妻與她有一番討論，我問她懂不懂得六百萬台幣的價值？然後打了個比方幫她物化這筆錢：我說，如果她不去念書，我們現在可以出門去選四部賓士車回家（儘管我們連一輛也沒有，但她倒知道那是什麼意思）。

我們告訴她，經濟獨立是一個人獨立的一大步，她可以考慮貸款去完成學業。但更重要的是，思及自己運用了這麼大的資源去求學時，要珍惜！我們不贊成以家庭的資源送她去美國鍍金，所以如果她不是真心想努力求學，應該把這個機會讓給別的年輕人。

當時Abby經常在店裡打工，所以她還問了我一個問題：「媽媽，我們店裡的優格賣一杯能賺多少錢？」當我回答她「稅後淨利大概五元」時，她對我點點頭說：「那我知道六百萬的意思了。」接下來她寫信給學校，從花旗銀行貸款支付第一學期的學費，並以在ＩＴＡ工作的收入每週支付部分利息。

Abby上完第一個學期回家時，把整個學期的生活帳做出來給我看，指著「零食」那一項說：「我下學期不應該吃那麼多零食了。」我看了一下是「五十六」美元，心中換算一下，一千多塊，四個月，還好吧！但她說：「不行！不行！錢只有那麼多，我要面對現實。」然後，我看到「生活雜貨」那項，於是建議她何不從這裡想辦法節約，只聽到她輕叫一聲說：「媽咪！衛生用品總要買吧?!」我臉都紅了，想到我這個媽媽是怎麼了，連這種生活事也會忘記。

Abby在第二年順利地申請到一份獎學金，所以目前她是以獎學金、學生貸款及兩份打工在維持她所有的學費與生活費；相信上大學後，她已經完全懂得什麼叫做真實的生活。

這學期，Pony也因為一位家長的邀請而當起鄰居一位小朋友的家教。我們的孩子從小不曾有過零用錢，對於她們自己打工賺的錢，我只囑咐要好好收，別亂丟。但是我發現，從Pony第一次領薪水開始，就不再跟我們拿午餐費了。有一次，她的學生家長忘了給她薪水，讓她沒錢吃飯，我看她還自己煮了兩個白煮蛋要帶去學校當午餐，那時我們才談起錢的事。她說，用自己賺的錢感覺好好，有一次她和同學去買一杯巧克力，雖然要四塊新幣（約八十二元台幣），因為是用自己賺來的錢，就不會有不安的感覺。

我的孩子因為在不同國家念美國學校，一直身處在很多富豪子弟的環境中。但是，這些單屬於別人的富裕並不困擾或影響她們。我很肯定，金錢在她們的心中自有一份真正的價值，它不能使心中貧窮的人變富，也不能用來買品格、敬重或友誼。金錢只有在自己努力掙來之後，才能帶來快樂與價值。

Q 有責任感是一回事，落實責任感又是另一回事。從孩子觀念的培養，到化為真正的實踐力，您碰到過什麼樣的困難？有哪些經驗是可供參考的？

我所遇到最大的問題，大概是當責任落實在生活中時，有些很重要的細節會與大環境的價值觀有所拉扯。比如，以社區服務這一類事情來看，因為這些活動也被認定在大學申請的條件參考之一，所以如何讓孩子真正懂得服務與責任的真義，而不是為了大學申請去做表面工作，就成了我的教育要項。除了鼓勵她們做社區服務要非常誠懇、真心，我也要他們自己去克服一些小問題。

每星期三、五，Abby和Pony課後會去老人院工作，對於這項自願服務，我堅持她們要自己搭公車去。我跟孩子們說，如果她們不能為這些老人忍受一些交通的不便而要人接送，相信這份工作她們也不可能堅持太久，而這樣的愛心說來也不過是一時興起，又有什麼可取？我很高興有幾位媽媽聽了我的話，也停止了開車接送的服務。

◇◇◇◇◇◇◇◇◇◇

Q 當您覺得孩子對自己的責任沒有處理好，您是怎麼反應的？您從來不會有情緒嗎？假如您和先生對教養孩子有不同意見時，又是怎麼處理？

我在先生和教養孩子的大方向上沒有出現過不一致，但在看待問題的輕重上的確會有不同。媽媽總因為跟孩子們有很多細節的接觸，有時候問題在我的眼中自然被放大了。我喜歡聽我先生分析孩子的事情，我覺得自己做得不好時，也會跟他討論我的憂慮。對於我的過度擔憂，他常常勸我不要太緊張、不要覺得孩子現在做錯一件事，好像長大就會成為一個禍國殃民的人。

當孩子們沒有處理好自己的責任，通常我要做的是尋找不能負起責任的原因，所以我常用職場上的角度來看待孩子負責的問題。我很喜歡一句話：「任何問題的出現，都有一段時間大得無法視而不見，而又小得可以解決。」這就是我解決孩子問題的黃金時間。我常用討論或說服的方式來跟孩子談責任問題；我希望能在保留她們完整的自我中，以對事不對人的角度來尋求一個共同點。比如，Pony 喜歡飯後先去做功課再洗碗，若要用強硬規定改變這樣的習慣，我想是不合理也不一定有效的，所以我跟她商量，說服她接受我的建議。我告訴她，以後外出工作有很多事並不能憑著自己的時間表進行，配合環境的需要而調整自己的工作節奏是很重要的；我也以衛生的角度來說服她先把廚房整理起來。我覺得這種尋求共識對責任教育是有效的。

關於了解

了解孩子為什麼堅持，去分析每次的堅持有沒有固定的意義，是我們該做的事。

Q 我的小孩有時會非常固執地堅持一些事，而且會用手打或用指甲掐媽媽，我總是用言語耐心地糾正他：「不可以打媽媽喔。」但不會處罰他，我該怎麼做才好？

小小孩在語言表達還沒有與大人暢通之前，常會因為堅持而使父母頭痛。但是，我會非常不忍心說孩子是「固執」的。有一次，我們幾個朋友圍坐著說一個小朋友很「固執」，雖然用的是「stubborn」這個自以為孩子就不受傷害的字，但我還是覺得對那個兩歲多的孩子很不公平。因為我們溝通的管道還沒有被成熟地建立起來，這種評論一旦成為我們對一個孩子的看法，他往往會成為一個「後天頑固」的人。

我不知道妳的孩子幾歲，但是了解他為什麼堅持，去分析每次的堅持有沒有固定的意義，是我們應該做的事。打與掐，對他來說應該都是一種強力想說服你們的表示。除了幫助他了解這個舉動的含意，以及建立另一種他可以取代的表達之外，我還是建議妳多了解：「他到底想要做什麼？」

Q 我的兒子不滿兩歲，對他一些任性的行徑（像是一定要看ＤＶＤ，沒看完又要換另一片……）或固執的作為（一定要玩，不肯睡覺……），我會好好跟他說（雖然有時說到最後有點火爆，他就會開始鬧脾氣，走到另一邊哭鬧），感覺他也聽得懂，只是想他還小，不很懂道理，所以這樣的行為是可以接受的。我希望教導小孩時能尊重他的想法，但像是到了睡覺時間不睡、或大中午他要出去散步，也會讓他再玩一下或帶他出門走走，這樣會不會反而過於放縱呢？

這麼小的孩子，變化本身對他們來說就是一個遊戲。也許妳可以選擇在他不要看這一片DVD之後，吸引他去做另一件事，而不是在幾片之中讓他選來選去。兩歲之際，似懂非懂，最不好的是，我們常會錯估他們所懂得的意思而自行解讀。所以，不該做的事就堅持你的想法，但在生活中試著更了解他的表達，慢慢建立溝通的深度。每個孩子都是慢慢被父母懂得的，不要著急。

Q 自從有了小孩，我必須先做好功課，才能見招拆招，也盡可能都照著專家所說，用心了解孩子要的是什麼。但要控制自己易生氣的個性真的不容易，雖然凡事都會試著溝通，但小孩有時真的很有主見、很難溝通，該如何解決？

在看待教養問題時，我們最容易忽略「時間」所造成的結果，我們想要的是一時一刻就能解決的方法，卻忘了孩子之所以有這些問題，是從過去累積而來的，因此改變也需要相對的時間與更多耐心。有些父母喜歡把孩子當成一個「難題」來「解決」，我則傾向於把教養的大小問題當成一個雕塑的過程。培養一個我們期望中的孩子，一如培養一個理想中的自己，是要一點一滴修正與增加的。

跟孩子溝通到什麼程度與孩子的年齡有關，不要以為任何年齡的溝通都是一樣暢通。「溝通」是一種互相了解的思想渠道，是慢慢挖、隨著年齡與實際作工才能加大負荷的通路。所以，我在埋首教養工作好多年後，才感覺到責任輕鬆了一點，親子可以分享的經驗與通道也越來越多。

Q 我有一個女兒，非常懂事聽話，但她也很好勝，面對錯誤不肯低頭。因為今年要上國小開始學注音了，但有時發現她的讀音有錯，她會不願接受別人的指正，甚至逞強地說：「又沒有關係！」當父母的總是希望她調整，卻不知該怎麼面對這種狀況？

非常高興聽到妳的小朋友懂事聽話，我眼前幾乎出現一個乖巧小女孩的神態。我很想跟妳說，也許妳可以重新定義孩子「好勝、不肯低頭」這件事。有時候，我們指正孩子的錯誤，並沒有經過徹底的溝通，所以無法完全了解孩子拒絕接受指正的理由。如果遇到這樣的情況，我會好好跟孩子談一談，讓她慢慢說出「沒有關係」在她的想法裡是什麼意思，再舉出她所能清楚的例子，讓她了解什麼事不改是「沒有關係」，哪一些又是我們大人所謂的「有關係」。我們難免希望孩子非常順服，但是了解他們心中真正的想法後，再思考他們是否應該坦然認錯也不晚。

Q 我是單親媽媽，女兒今年就要升五年級了，從出生到三歲都是我在帶。但離婚之後交給前夫的繼母，一直到三、四年級，我才帶回來自己教。爺爺奶奶都非常寵她，所以她養成了一些小霸王的習性。這一年來，我非常用心導正她不好的習慣，像是她不喜歡刷牙、洗頭，做事拖拖拉拉、健忘愛頂嘴強辯，無法感受別人的心情。我也看過書、試過很多方法，開導她、講原因給她聽，有時也會處罰她；她應該也知道自己的缺點，但每次都會犯同樣的錯誤，有時還一直吵著要回去跟奶奶住，我真的覺得很灰心、無力。人家都說小孩的壞習慣要越早糾正越有效，但我的小孩快五年級了，還有辦法糾正嗎？是否可以提供一些有效的方法？

看到孩子的問題不視而不見或自我安慰，就是轉機的開始。養成孩子的一個習慣是需要些時間的，而且在這段時間中，我們自己的心情不要有太多起伏。說服自己：如果母親不用費心，這份任務就沒有這麼重要有趣了，這種時候，我們非常需要欣賞自己的付出。

生活習慣的部分，用愛美來吸引她養成照顧自己儀容的習慣，不要只用硬性的規定，讓她了解如果做了將會有多好的結果發生。小霸王的部分，一個五年級的孩子應該可以好好找她談談，讓她了解妳對她這部分性格的擔心與新的期待。孩子有時候會用這麼獨斷的行為來證實自己的被愛，如果妳能使她了解妳很愛她，要幫助她改變這種個性並不難。我相信她只是在過去幾年中從來沒有被提醒或教導：人是不應該以自我為中心的。

五年級是一個很懂事的年紀，也很需要被幫助。多經營一些妳與孩子單獨相處的機會，多跟她談話；

關於她的憂心也可以談，只要妳的語言夠溫和，我相信那不會傷到她，反而會讓她感受到妳的愛。

◇◇◇◇◇◇◇◇◇◇

Q 小三的孩子因為怕鬼怕黑，晚上不敢單獨上樓，更不敢一個人睡覺，平常也不敢獨自外出，應該如何培養孩子的自信和膽量？

找出孩子為什麼恐懼是很重要的事，不能只想訓練他成為相反的人，因為他如果不能交託出那份恐懼的心情，再怎麼強力訓練都不容易成功。

我們常常忘記回想自己童年時也常有恐懼，甚至成人後還有很多害怕的事。恐懼代表的是一種「不願面對」的感覺、「避之唯恐不及」的心情，所以，一定要先找出孩子為什麼害怕的原因，以及害怕時他真正擔心的後果，才能幫助他們克服。

有一陣子，我的大女兒很怕在自己的浴室洗澡，她用了很多方法想到我們的浴室來。我好好問了她，才知道那一陣子課堂上在學小說的寫作，指定的一本小說中有一幕恐怖的情節，所以她很怕浴簾。我知道了之後，並不想跟她說：那是幻想小說，有什麼好怕的，因為我知道「恐懼就是恐懼」，不是你要她放下就能馬上放下的。讓她知道我們了解她的害怕、想要與她分擔這樣的感覺最重要，才能慢慢訓練出與狀況安然相處的所謂「膽量」。永遠沒有機會說清楚的狀況，最讓孩子感到害怕。

關於家庭

好的家庭就從我們想要的那一刻起，
會慢慢因為我們的用心營造而成形。

Q 我還沒有小孩，不過我有媽媽。或許是因為媽媽，我常常態度不好，明明想好好說，卻總會不由自主地發脾氣。請問我算是不好的小孩嗎？我該怎麼做？我真的很珍惜家人，為何他們都不了解？有時會羨慕別人的家庭很溫馨，是我表現不夠好嗎？

不管自己的家人是不是理想中的家人，從自己開始傳達好的態度最重要。我常在公共場合聽到一些大孩子對父母講話態度很壞，壞得莫名其妙，總會非常難過。《論語》中有句話也許對年輕的妳來說太過時，但還是想跟妳分享：「不敬，何以別乎？」

如果我們對父母不能有敬意，那是非常不好的，有一天妳也會為人父母，就為了讓妳的孩子對妳有正確的態度，也好好要求自己對父母的態度吧！一定做得到的，加油！

Q 常聽到很多媽媽生第二胎的關鍵期，是在老大可以上幼稚園的時候，似乎得把老大支開才有餘力照顧新生兒。我大略拼湊您在兩個孩子的幼兒期也曾身兼數職，卻仍然教養出相當親密的小姊妹，可否分享您的經驗和建議？

我的生活很緊湊，但因為捨棄了很多別人認為十分重要的休閒與享受，所以大致上並沒有覺得一團慌亂。我一直強調孩子的感受不是單向的，除了接收你與他的關係，更置身在整個家庭的氣氛裡。所以，我的目標是經營出一個和諧、可親、硬體環境也可愛的家，而不是去強化我與孩子的單獨關係，所有的事都繞著這個家的利益前進。我覺得在這樣的互動之下，我所面臨的教養問題真的是比較少的。

對孩子得到的好成績，我除了認同她們的努力，不會再有額外的獎勵。因為我問她們：爸爸有沒有非常努力工作？答案是肯定的。媽媽有沒有為這個家盡心盡力？她們也是肯定的。所以我就說：「那麼，妳們用功讀書就像我們為這個家努力一樣，是盡自己的本份，對不對？」她們同意了。

Q 自從弟弟出生，姊姊常以「我要」為開頭，發言要求某些東西或做某些事。但是告知她要分享、一起玩，她卻不願意接受；或是要她留部分食物給晚回家的家人享用，她也一概拒絕，該如何教導她與人分享並且不自私呢？

希望孩子學會分享，得從生活中慢慢幫他累積足夠的好經驗。我們很難從一個「詞」去教會孩子一種特質，那個「詞」只是幫助他為經驗命名。如果妳每次吃到好吃的東西，都告訴他妳的感覺，並馬上給他嚐一口，然後在他覺得好吃的時候，也要他給爸爸或弟弟嚐一口，這就是很具體的「分享」。

對剛剛適應手足關係的孩子不要太緊張，如果一直設定或擔心他們是不夠友愛的，有時候反而會促使他們想要博取注意力。在不知不覺中，帶著他與家人共享一些事，不用把教育的目標掛在心中。要留食物給家人時，也許不必以分享為命題，就請她幫忙把食物裝在另一只盤子中，讓這些變成生活習慣，而不必把它變成「要」與「不要」的選擇，更不需要因此而給一番「不懂分享」的教誨。

Q 如何處理子女的衝突，營造互敬互愛的關係？

子女的互敬互愛是家庭人際關係的一環，孩子在處理這些關係時，也得從家庭中去學習。有三種力量會影響一對手足的關係：父母彼此的和諧、父母與原生家庭手足的關係、父母與子女的相處。我與兄姐自小非常親愛，所以對我的孩子來說，手足是一生的互相倚靠，她們常常要我講小時候我們是如何彼此照顧的故事，這些傳達，我相信都比直接指導她們要互敬互愛來得更有用。

另外，當孩子有小小衝突，我不會緊張，不求自己在處理時像個法官，也不想只提供齊頭式的公平。

我一定會讓她們了解，家是最柔軟的，所有成員都要顧及家庭氣氛的美好。所以，不是在仲裁誰對誰錯，而是要檢查這個家裡的成員，每個人都感到舒服、感到被接納了嗎？

Q 當媽媽常夾在父子之間，而需要成為對立的調停者，應該怎麼辦？

如果是我，一定不會准許孩子這樣對待爸爸。親子之間基本的敬意守線不能放棄，否則孩子會誤認，將來要面對的世界也只以自己判斷的對錯為標準。

Q 婆婆突然走了，帶給家中的寶貝很大傷害，在喪事期間他都不掉淚，因為我告訴他，太傷心阿嬤會捨不得，到不了佛祖身邊，我是不是做錯了？

不要自責，如果妳有疑慮，現在把妳當時的心情告訴他，讓他知道妳擔心他沒有放下心裡的牽掛。任何時間，只要妳願意，讓孩子痛哭一場、卸下心上的重擔都不晚。最重要的是讓他清楚地知道妳的心情。

Q 想擁有一個幸福的小家庭，需要具備什麼條件呢？小孩、爸爸、媽媽應該要怎麼做？

穩定！這是我最大的領會。孩子的身心都幼小，所能承受的變動要慢慢適應、增強。外在的變化已經夠大，家庭的節奏、父母的心情如果常保持穩定，對孩子是一種極大的安全之感。父母相處的方式一定要和諧，孩子在安全、穩定之中，性情才會溫和。

Q 我很贊同您所說的：「努力維持一個家庭的溫度。」而能做到往往得付出於無形，確實很不容易。其實，這不過是付出是否得到認同的問題。如何可以更堅定這樣的信念而不受回饋影響？或是進而去改變別人的想法來認同這樣的信念？

也許我的人生成就感比較在於自我檢視，別人的認同不會為我加分，不認同也不會使我因而不做。我知道，如果我照顧家裡的工作不做好，家裡肯定就會比較糟，所以我很高興地做。

在婚姻的選擇之初，我知道為人妻子有許多事該做，於是我就做。選擇當母親，也知道教養不是一個名詞，而是日積月累的付出，所以我也高興地做。所有的行動是因為責任的美，所以，怎麼困難都要讓自己確定：我已盡力。

Q 我非常同意對家和家人要用心，也期盼自己的家結出美好果實。可是先生不重視生活情趣，也無心教育孩子。他的大小聲壞了我和孩子的笑聲，房屋漏水壁癌也沒錢修繕，我想燒菜他嫌慢……我們是否還有機會享受家庭生活？

希望妳會繼續努力，在我們小的時候，家家戶戶的物質都缺乏、經濟力也差，但是仍然有許多慧心與堅忍的婦女把家庭經營得非常精彩，使自己的孩子感覺到幸福。我們要努力的不是跟別人一樣好，而是比自己的昨天好。有一天妳先生也會感謝、佩服妳。

Q 我是一個單親媽媽，三年前小孩讀幼稚園時，丈夫有了外遇離我們而去。無論是對孩子的學校或是我的工作場所，我一直隱瞞這個事實，因為我害怕別人會用異樣眼光看孩子和我。這個社會總是用放大鏡在檢視我們，尤其孩子的行為若稍有閃失，在正常的家庭或許別人毫不在意，但對我們可能就有「難怪，因為他沒有爸爸」等閒言閒語出現了。

從您分享的內容，我發現一件事，那就是「家庭的重要」。但不幸的，我顯然無法提供給孩子這樣的環境。此外，我的父母雖沒有離異，但這些年受到家裡一些不順所影響，母親顯然有了憂鬱症，對父親處處挑剔，父親終日窩在自己陰暗的小房間中，對母親百般忍讓，無論我多麼努力想改善家裡的氣氛，但顯然沒有任何效果。我之所以一直要化解這種僵局，而不選擇逃離，也是希望給自己的孩子有家的概念與感覺，但始終徒勞無功，有時我真的想要放棄。

我卯足全力教養與陪伴我的孩子，但讀您的文章又有點氣餒，似乎教養成功的本源是一個健康又幸福的家庭。像我這樣的情況，您認為應該要如何為孩子培養家庭的觀念（我總想著沒有過去，並不代表他也沒有未來）？我不希望他身邊的環境造成他長大後的一些不良影響；我更希望能從他開始，為我的後代建立一個溫暖的「家」。

首先我想說的是，不要擔心他人對妳單親家庭的看法，如果他們有偏見，有問題的是他們，妳與孩子都不需要讓這些偏見來決定妳這個小家庭的價值。

家庭的意義在於團聚、同心與互相關懷，而不在於成員要俱足。好的家庭就從我們想要的那一刻起，會慢慢因為我們的用心營造而成形，永遠沒有太慢的問題，也永遠不會有固定條件才能擁有的問題。

我小時候曾看過一個非常相愛的家庭，當醫生的父親過世後，因為家產被親戚侵占，日籍的母親只好帶著她的小女孩〈我的好朋友〉回日本投靠親人。她母親長年因肺病而非常體弱，實際上是靠著這個小女孩在幫忙許多事，我們都聽說她如何在課業與生活中奔忙，買一條蘿蔔，為了省錢也會多走好幾攤比價。十年後她回來念台北醫學院，我看到她時，從她美麗的臉上完全看不出任何成長的風霜，掛著溫柔的笑容，對人世充滿希望。她後來遇到一位成長經驗非常相似的同學，那種相愛一定有著很深的相知，如今兩人在日本都是很成功的醫生。

當我回想小時候看到她的家庭時，最與眾不同的感受是，氣氛非常溫柔。我相信這種美好的氛圍可以彌補許多的不足，也一定可以在不足中更加深相互體貼的家庭愛。

妳父母親所讓妳遺憾的關係，正好給妳一份強烈的提醒，提醒妳最想要的親愛可以從妳給孩子開始。妳有這麼正確的觀念（「我總想著沒有過去，並不代表他也沒有未來」），努力就不會白費，耐下心繼續做個溫柔的好母親，「天命」一定會有揭曉的一刻，妳將為自己的堅持感到驕傲。